CÁSATE Y SÉ SUMISA
Experiencia radical para mujeres sin miedo

Costanza Miriano

CÁSATE Y SÉ SUMISA

Experiencia radical para mujeres sin miedo

Costanza Miriano

Traducción
Mariano Catarecha
Sebastián Montiel

Editorial Nuevo Inicio
Granada 2013

Título original: *Sposati e sii sottomessa. Pratica estrema per donne senza paura.*

Traducción del italiano por Mariano Catarecha y Sebastián Montiel

Diseño de la portada: Armando Bernabéu y Paco Gómez
Maquetación: TADIGRA
Impresión: Luque, S. L.

**La edición de esta obra ha sido financiada por
la Fundación Nuevo Inicio, a la que agradecemos
extraordinariamente su colaboración**

ISBN13: 978-84-940525-3-8
Depósito legal: CO-1141-2013

Editorial Nuevo Inicio S. L.
Pza. Alonso Cano s/n
18001 Granada, España
Tlf: 00 34 958 216 246

www.nuevoinicio.es

Impreso en España

Índice

¡Mira quién fue a hablar!

"Costanza, dime de nuevo por qué debería casarme. Y sólo faltan quince días". Necesito el auricular. Colocar la lata en el huequecito, benditos coches americanos. Escupir las pepitas de la mandarina (marido, te prometo que algún día traigo una bolsa de basura y lo limpio todo, también los papeles de los bombones). Transformar esta pocilga, mi coche, el refugio de una disoluta que come en los semáforos de la orilla del Tíber, convertirla en un recibidor apropiado en unos segundos. La Oprah Winfrey de los pobres.

Porque lo bonito de la amistad no es tanto tener al lado a otra que tenga el valor de decirte en tu cara que los reflejos de esas mechas color de níspero podrido no van con tu nuevo sombrerito; a otra que se esfuerce, con sinceridad, en encontrar una buena razón por la que debes comprarte el noveno collar de azabache, porque con ese lacito que tiene realmente te arreglaría el armario, cómo no; a otra que te diga que organizaste las cosas de maravilla y lo hiciste fantásticamente bien, pero que era imprevisible que los catorce amiguitos de los niños que tenías en casa se te fueran de las manos y reventaran a balonazos los dos únicos rosales que habían conseguido florecer.

No, desde mi punto de vista, tener amigos es algo necesario fundamentalmente porque me permite repartir consejos, actividad máximamente gratificante.

El caso es que con los amigos, con las amigas más concretamente, sólo paso un tiempo limitado, y por eso pueden tolerar que, por mi parte, las moleste un poco más de la cuenta.

En cambio, los niños, a los que estoy pegada como una lapa, escuchan mis sermones en modo *"off"* y me observan creo que fijando la mirada en uno de mis pendientes, con elección libre de oreja, mientras piensan en la alucinante aventura de los *X-men* que podrán acabar de leer cuando yo haya terminado de ilustrarlos sobre los beneficios de un estudio metódico y cuidadoso.

En cuanto a mi marido, es un hombre inteligente, y aprendió muy pronto a responderme: "¡ajá!" o "¿de verdad?", o también: "pues yo pienso lo mismo" y "es cierto", casi siempre con el tono correcto, lo cual le permite simular que conversa conmigo haciendo un esfuerzo mínimo. Si empiezo a dudar de que me está escuchando y para comprobarlo le digo: "querido, estoy embarazada otra vez", a pesar de todo, emite un sonido ahogado, y eso significa que, no sé cómo, parece que hay una parte superficial de lo que le digo que le llega a afectar.

Por el contrario, creo que mis amigas escuchan mis opiniones e incluso, a veces, las toman en consideración. Más por afecto que porque yo tenga, con mi agudeza psicológica de delantero centro en punta, muchas probabilidades de decirles la palabra justa. Aunque, a causa de un mero fenómeno estadístico — seamos honrados — también yo acierte, a veces, a encontrarla.

Normalmente, sin embargo, mi respuesta a cualquier problema es una de las siguientes, a elegir: tiene razón él; cásate con él; ten un hijo; obedécelo; ten otro hijo; vete a vivir a la misma ciudad que él; perdónalo; intenta comprenderlo; y, por último, ten un hijo.

Por eso, las amigas que no quieren oír como les digo estas cosas, porque cuando yo me empeño soy delicada como una hormigonera, desaparecen de las pantallas del radar: con todo, yo soy perspicaz y, después de haber enviado trece correos electrónicos al vacío y de haber recibido cuatro SMS más que gélidos, acabo por comprender.

Las que piensan como yo, en cambio, o que, a pesar de todo, me quieren bien, continúan llamándome. Y ésas sí que dan satisfacciones.

El motivo que hace necesarios tantos “perdona un momento, saludo a una amiga y vuelvo enseguida”, marido mío, es que, como ya he dicho, dar consejos es algo maravilloso. Además, no hay otro modo de fingir que tienes algo que hacer cuando dos de tus hijos se están pegando golpes con el bote de agua de la bicicleta porque los dos quieren la cabeza de un mismo muñequito Lego que, a pesar de no medir más de medio centímetro, tiene bigotes, y sin el cual no puede pasar ninguno de los dos, mientras que dos de tus hijas han tirado al suelo una caja de doscientos cincuenta gramos de sémola calibre “especial 5 mm”.

Pero, más que nada, las amigas nos hacen falta porque nosotras, las mujeres, no tenemos ahora por delante ningún camino claro, como sí tuvieron muchas generaciones anteriores.

A veces nos hace falta razonar juntas en voz alta, aclarar nuestras ideas sobre la vida, sobre nuestra identidad, sobre las posibilidades a elegir, que son muchas más que en otros tiempos. Y por eso tenemos que llamarnos. En este momento, es necesario como nunca lo fue antes de ahora, es indispensable, destinar sumas estratosféricas a las compañías telefónicas (la expresión “te llamo un momentito”, al menos en Roma, es un oxímoron).

Nuestras vidas están hechas de equilibrios personales, tan personales que a veces nos sentimos solas. Tenemos que encontrar nuestro propio estilo de pareja, porque no tenemos tiempo, un estilo de hacer las cosas en común y en colaboración (he asistido a fatigosas discusiones de pareja acerca del menú semanal, y echo dolorosamente de menos aquellos tiempos en que los maridos aparecían solamente a la hora justa preguntando "¿qué hay de comer?": menos colaboración, quizás, pero también muchas menos complicaciones); tenemos que buscar un sitio para el trabajo y un sitio para la familia, para el marido y probablemente, eventualmente, hipotéticamente, si nos queda algo, también para nosotras mismas.

En cambio, si digo la verdad, ninguna mujer de carne y hueso que yo conozca jamás ha tenido problemas semejantes a esos de los que, con tanto celo, se preocupan ciertas feministas y muchos periódicos.

Todas las proclamas sobre el cuerpo de las mujeres, usadas sólo por su belleza, sobre las crueles reglas del éxito y de la sociedad de la imagen que nos quiere siempre jóvenes, y que nos empuja, pobrecitas, a la cirugía estética, y sobre la necesidad de reconquistar nuestra autonomía, a nosotras — cuando estamos en la cola del supermercado y llueve y están a punto de acabar a la vez el fútbol y el catecismo y una hija está dormida y la otra tiene que ir al baño — nos importan muy poco.

Puede que yo haya efectuado una cuidadosa selección y haya admitido en mi círculo de amigas solamente a mujeres fuera de lo común.

No hay ninguna de ellas que sienta su autonomía seriamente amenazada por nadie.

Ninguna que, cuando comienza una relación, se sienta real y concretamente oprimida, o como mucho interpelada, por la posición del Papa sobre el tema, ninguna que se plantee siquiera el problema, ninguna cuya libertad en la gestión de su fertilidad haya sido sofocada alguna vez por algún pronunciamiento de la "Iglesia del no", cosa por la que, sin embargo, una y otra vez, todos los periódicos claman al cielo. Porque hablar mal de la Iglesia es como el color negro: va bien con todo y nunca pasa de moda.

Ninguna de mis amigas está preocupada porque se le haya impedido abortar confortablemente en su propia casa; en cambio, muchas de ellas sí se preocupan porque el hijo no llega: por la edad, por un marido cobarde, por una vida que es demasiado complicada para programarlo.

No conozco a muchas preocupadas por los contratos temporales renovables, ni por la inestabilidad que dificulta cada vez más hacer proyectos a largo plazo.

Estamos preocupadas, y mucho, por la hostilidad que muestra el mundo del trabajo en relación con los hijos, porque sólo si los ingresas en un orfanato puedes aspirar a estar casi al mismo nivel que las colegas que no los tienen, además de que no debes hablar demasiado de ellos en la oficina. Quizás una foto en el fondo del segundo cajón, bajo un ejemplar de "Vanity Fair", porque eso sí se permite. Nosotras, las mujeres normales, nos preocupamos cuando alguno de los niños tiene treinta y nueve de fiebre precisamente la semana que los abuelos se han ido de vacaciones — es una evidencia científica, siempre pasa —, y además la cuidadora no viene (ha cogido el mismo virus que el niño), y las obligaciones del padre no se pueden posponer. Entonces, una madre que se queda en casa con el niño, y que no finge estar enferma para no decir una mentira (cosa que no se hace, estoy convencida de ello al menos desde el primer año de catecismo), ve como: a) se le reduce el salario, y todavía con eso podríamos estar de acuerdo; b) desaparece su contribución para la pensión de jubilación; c) se le pide una declaración oficial — ¿qué es eso? —, que es necesario hacer ante un funcionario municipal, para lo cual habrá que pedir otro día libre. Porque está claro que los hijos son un bien para toda la sociedad. Eso es lo que nos preocupa.

Nos preocupan las películas para niños que rebosan de equívocos y que están llenas de guiños para los mayores, y que desgraciadamente nos impiden decir todas las veces que quisiéramos: "cariño, vete a ver la tele un poco". Porque a veces viene bien un truco sucio para descansar, aunque la Madre Decente que hay dentro de nosotras está siempre alerta y no descansa.

Ella, la Madre Decente, es la que nos obliga, por ejemplo, a modular aflautadamente la voz para decirle al niño: "cariño mío, quizás sería mejor que no te tiraras de cabeza de la litera usando el único vestido presentable que me queda como si fuera la capa de Batman". Porque vamos a mantenemos tranquilas controlando la situación, y esta vez no vamos a chillar.

Siempre es ella, la Madre Decente que yo debería ser, la que me obliga a sonreír empalagosamente cuando me levanto después de haber trabajado de noche y, con cuatro horas de sueño en el cuerpo, tengo que dirimir una discusión suspendida la tarde anterior, mientras quisiera emplear todas mis energías en acordarme de cuál de las dos lentillas es la de la derecha, que, si no me equivoco, es la que está en el mismo lado que la mano de escribir (en un país civilizado, no se deberían exigir ciertas habilidades tan de mañana).

Éstos son nuestros problemas cotidianos, y no ese cielo de cristal, esa barrera, transparente pero insuperable, que — según las feministas — impide que nos sentemos en alguna altísima poltrona.

Hoy día se definen nuevos tipos de pareja, ahora que los roles, que anteriormente estaban asignados desde el inicio, se renegocian con más asiduidad que el convenio colectivo nacional del metal, que por lo menos dura dos años.

Hoy día las familias son inestables.

Hoy día la fertilidad ha llegado a ser controlable, y eso ha tenido enormes y graves consecuencias, todavía inexploradas, en la vida de las mujeres que, si quieren, pueden decidir incluso esto: cuándo y cuántas veces dar la vida. Salvo imprevistos, porque la naturaleza no se deja manipular gratis.

Hoy día las mujeres tienen ante ellas muchas más posibilidades que elegir, casi siempre trabajan y, por tanto, la división de tareas y de identidades es difusa, por usar una palabra muy de moda.

De este modo, siempre acabamos reflexionando sobre estos temas, buscando un terreno común.

Se hace con las amigas, se hace también con las conocidas, dado que a nosotras nos basta un encuentro de una hora en una fiesta para niños para poner en común nuestras intimidades, entre trozos de pizza pisoteados y ríos de zumo de pera.

También las ponemos en común cuando hablamos de esas mismas cosas entre aperitivos, queso y mermelada picante; aunque no tengamos de fondo el *Zecchino d'Oro*,[a] reaparecen las mismas preguntas.

---

[a] El *Zecchino d'Oro* ("Monedita de Oro") es una exposición internacional de canciones de niños y niñas, que promueve la producción de canciones para ellos, artísticamente válidas e inspiradas en ideales éticos, cívicos y sociales. [Todas las notas de esta obra son de los traductores.]

Y, en mi opinión, también serían comunes las respuestas, sólo que, no sé por qué, nos damos prisa en olvidarnos de ellas.

Y cuando nos desnaturalizamos acabamos infelices, inquietas.

Todos los días nos toca la Primitiva: vivimos en la época justa y en el mejor sitio del mundo, en un momento y un lugar privilegiados en que podemos leer lo que nos parece, están a nuestra disposición libros e Internet; podemos ir a hacer footing sin miedo a que nos disparen; entrar a una iglesia y encender una vela ante un Pinturicchio porque no vivimos en sitios donde la obra de arte más antigua es de 1902, ni en otros donde nos cortan el cuello por tener en casa una Biblia; comer más o menos lo que nos gusta; y basta un abuelo, ni siquiera muy entrado en años, para recordarnos tiempos en que se lampaba por una cucharadita de azúcar, en los que el salami se restregaba un poco por el pan y se guardaba para la vez siguiente, consumiendo sólo un poco de su aroma.

Por estos y muchos otros motivos, deberíamos saltar de alegría cuando ponemos el pie en el suelo cada mañana. Si no lo hacemos, es porque en nosotros hay un profundo y misterioso deseo que nunca se sacia. Y porque hemos olvidado para qué estamos aquí.

Las mujeres están llamadas a dar la vida de todos los modos posibles. A engendrar, sostener, escuchar y animar a hijos carnales y no carnales.

Nuestro genio propio, antes que cualquier otra cosa, es tejer relaciones. Me parece evidente que esa tarea es algo nuestro, y la prueba de ello es que, si los hombres se encargaran de la vida social de la familia, iríamos por las calles del barrio sin saludar ni a una sola alma, pues cada vez que cruzamos dos palabras con el vecino, con la pediatra o con la catequista, ese oso que va junto a nosotras nos pregunta: pero, ¿quién era?, y sobre todo, ¿cómo has conseguido acordarte del nombre de sus hijos? Sólo nosotras sabemos encontrar palabras, y traducir, porque a veces el intérprete hace más falta para hablar con quien más cerca está de ti (cuando mi marido dice "por supuesto, querida", por ejemplo, eso significa "lo voy a hacer, pero que conste que antes preferiría ir a la fiesta de comunión de los hijos de vecino", una de las eventualidades, según creo yo, más horrorosas para él, que es un tipo tan sociable que si no se dan causas externas de cierta gravedad como, por ejemplo, haber perdido las llaves, prefiere no malgastar con nadie una palabra, mucho menos un cumplido).

Nosotras, principalmente, tenemos el talento de acoger, de aceptar y de educar, y no sólo a los hijos. Somos capaces de ver el bien en nosotras mismas y en los demás. Con esperanza también, cuando ese bien no es todavía más que una luz lejana. Ver el bien en las situaciones, aun cuando haga falta llegar a destrozarse los ojos para encontrarlo. Aun cuando fuera "una noche oscura y tormentosa",[b] y haya momentos en los que, para encontrar el lado positivo de las cosas se necesite una fantasía tan grande como la de un perrito piloto de la Primera Guerra Mundial.

Y se necesita paciencia, una paciencia infinita, para repetir siempre las mismas recomendaciones básicas, porque, además, una se contentaría con que los niños no pusieran los zapatos en el sofá, no se metieran el dedo en la nariz, no metieran las manos en el plato y, sólo en caso de auténtica emergencia, llegaran

[b] En el italiano original: *era una notte buia e tempestosa*, que es la traducción literal de la famosa frase inglesa *it was a dark and stormy night*, extraída del relato *Paul Clifford*, de Edward Bulwer-Lytton. La popularidad de la frase se debe, sobre todo, a que Snoopy, el perro de las tiras cómicas de Charlie Brown la usa a menudo. La autora cita al célebre *beagle* a continuación.

a hacer uso del jabón (mi hijo mayor volvió del campamento con el bote de gel sin abrir, por lo visto, aquella semana no hubo ninguna emergencia).

Si negamos esta vocación nuestra, hay algo que no encuentra su equilibrio.

Nosotras tenemos que dar, defender, sostener y apoyar la vida. A veces, creo que las mujeres de mi generación, que, por primera vez en la historia, pueden decidir si aceptan o no ese papel, dicen que no con demasiada prisa y ligereza. Quizás simplemente porque es posible decir que no.

A no ser que después, cuando ya sea demasiado tarde, se den cuenta de que quizás aquélla no era la respuesta que ellas querían dar. A no ser que después se den cuenta de que la mujer se encuentra al donarse. A no ser que después se den cuenta de que, cuando hay alguien a quien proteger, una encuentra las fuerzas para volver a levantarse en cualquier situación personal en que se encuentre, por muy desastrosa que sea.

El instinto maternal es una fuerza poderosa, algo que cierto feminismo se ha empeñado en negar; y al que diga que no existe ningún instinto natural, que se trata de un condicionamiento cultural, le bastaría pasarse por una guardería para observar ejércitos de pequeños guerreros, camioneros y constructores, y filas de esposas, madres con bebé, enfermeras y cocineras en ciernes: ¿todos son hijos de padres que los han oprimido y los han manipulado?

Se puede ser maternal con cualquiera que tenga necesidad de ayuda; también nuestras oraciones — como dice Orígenes — "son madres de lo que pasa en el mundo". Las mujeres, cuando llegan a la maternidad, aun cuando no sea una maternidad física, se transfiguran de felicidad. Dejan de lado los problemas propios y se remangan. Se convierten con frecuencia en madres afectuosísimas, en mujeres generosas, aunque anteriormente hubieran sido unas alocadas (¿por qué me miráis?, ¿quién os lo ha dicho?)

Renunciar a toda pretensión por la felicidad del otro es algo que cura de cualquier herida, aunque en el momento pueda ser algo gravoso, como cuando estamos intentando salir furtivamente para una cita amorosa — Philip Roth nos espera en la librería — y la cuidadora, diligente, nos avisa de que un niño tiene treinta y ocho de fiebre, cosa que sospechábamos, sí, pero ¿no se podía haber esperado a que estuviéramos en el descansillo de las escaleras para ponerle el termómetro?

Muchas otras mujeres, que siguen posponiendo, probablemente por nimiedades de tipo práctico y organizativo, el momento de zambullirse valientemente en la vida — de convertirse en madres — sufren, muy a menudo sin saber por qué.

Así que, a todas ellas, a nosotras, cuando olvidamos para qué estamos aquí, siento la urgencia de decirles dos o tres cosas.

Por otra parte, la llamada sonó en mi puerta en tercero de primaria, cuando de mi propia cosecha le soltaba a la maestra — y a cualquiera que lo deseara, para mí es importante precisarlo — algunas perlas del calibre de "todos debemos esforzarnos en ser muy buenos". Me di cuenta rápidamente de que era mucho más cómodo decirlo con las palabras que con el ejemplo silencioso. La discreción, la compostura, la reserva, el trabajo intenso y callado no están hechos para mí, son demasiado duros y demasiado poco gratificantes. ¿Y si después de todo eso nadie se fijara en mí?

Abracé desde entonces con gran celo mi vocación de predicadora. No estoy segura de por qué, pero recuerdo con claridad los almohadazos en las gafas que me daban mis hermanos cuando los invitaba a apagar los dibujos animados y a dedicarse en vez de eso a la lectura, que habría contribuido a su desarrollo personal más que Mazinger Zeta.[c] Tenía nueve años.

Por eso, cuando resulta que recibo en el coche la llamada de una amiga en plena crisis prematrimonial, me preparo en centésimas de segundo. Una consejera digna de tal nombre siempre está dispuesta a lanzarse a una edición extraordinaria, aunque lleve puesta una falda de Gap[d] con huellas digitales de Nutella[e] incorporadas y una camiseta que en un tiempo fue blanca y ahora es de un tono "Costanza, marca registrada" (un gris ceniza apagado que sólo se puede conseguir programando mal la lavadora con mucha precisión siete veces consecutivas). Tengo que ser convincente.

Señalar que la fuerza del sacramento hará nuevas todas las cosas.

Añadir que Domenico es un chico muy guapo.

Subrayar que el miedo es inevitable cuando se está a punto de hacer algo que durará toda la vida, incluso si se trata de aceptar el regalo de una tarjeta vitalicia y gratuita de los almacenes Macy's.

Insistir en el hecho de que si no deja de vivir sola, por sí misma no dará ningún fruto.

Dejar para más tarde el hecho de que llegará el momento en que ella tendrá ganas de dormir cuando él quiera hacer, no ya

---

[c] Un robot destructor del mal, personaje de una serie de dibujos animados japoneses.

[d] *Gap* es una tienda on line de ropa barata.

[e] *Nutella* es una marca comercial de crema de cacao azucarado y avellanas para untar en el pan.

una cosa fascinante, como enseñarle alguna función de su nuevo ordenador, que escalofrío, sino también convencerla para que decida de una vez, con los ojos cerrándosele de sueño, el asunto de los azulejos del baño. Que además, nadie sabe por qué tiene una que decidir: ¿qué es esa crueldad? Yo, todas las veces que me he cambiado de casa, le he preguntado al dependiente (y mira que he visto en su cara la mueca de dolor cada vez que me presentaba en la tienda) que si podía hacer una mezcla con los azulejos que estaban en los primeros puestos de la clasificación que tanto me había costado hacer. ¿Por qué esa manía de encargarlos por metros cuadrados?

A pesar de todo, encontraré argumentos para tranquilizar ese ataque de pánico de la futura esposa. Si no me encuentro todos los semáforos en verde — imposible — me quedan por los menos veinticuatro minutos de teléfono para impedir la tragedia, aunque, tal como yo veo la cosa, me bastaría con unos segundos: Domenico sabe preparar la *panzanella*,[f] sabe tocar *I can see clearly now* con la guitarra,[g] tiene el *Camino de perfección* en la mesilla de noche,[h] y está a punto de conseguir una buena beca. ¿Qué más se puede pedir?

No sé qué más queremos nosotras, demasiadas veces un poco quejosas y descontentas. Quizás nos falte coraje para ver nuestra grandeza, la de verdad. Para comprender que tenemos una enorme capacidad de dar, de gastarnos, solucionando así muchas inquietudes inútiles, contagiando también a nuestros hombres sin infectarlos con exigencias.

Estas santas palabras podrían dar una imagen de mí quizás demasiado benévola, de mujer laboriosa, virtuosa y prudente, que

[f] Plato típico de la Toscana a base de verduras frescas.

[g] Famosa canción de Johnny Nash.

[h] Se refiere a la obra de Santa Teresa de Ávila.

nunca, por motivo alguno, se pondría a picotear frutos secos delante del ordenador intentando sacar fuerzas para ir a eliminar unos cuantos metros cúbicos de ropa para la plancha. De mujer devota y dueña de sí que desde el primer día de su matrimonio habría sabido dejar a un lado su propio egoísmo y aceptar con generosidad hacerle un sitio a su consorte (un cajón sí que le he dejado, a pesar de todo). De madre paciente y cariñosa, pero fuerte y con autoridad, que en ningún caso tendría una crisis histérica sólo porque su collar de perlas se haya roto en una refriega entre dos princesas, y que sabría con certeza cómo educar siempre a sus hijos. De un ángel del hogar que nunca preferiría, en lugar de cocinar, ponerse a leer cualquier cosa que cayera en sus manos en la cocina, textos fascinantes como las instrucciones del puré liofilizado o el folleto de la pomada para las quemaduras, porque cualquier palabra escrita atrae su atención más que el filete.

Prohíbo con firmeza consultar este asunto con mi marido —no es correcto, sería un golpe bajo—, aunque puedo reconocer espontáneamente y admitir sin coacción que la mujer prudente y laboriosa que quisiera ser, además de dar consejos, también los pide con profusión.

El flujo de los consejos presupone ida y vuelta. Y las compañías de teléfonos lo agradecen.

Para las dudas de tipo sanitario, está mi hermana, una médico informadísima que yace bajo los despojos de una ingeniero de caminos. Mi hermana se revela particularmente apta en aquellos casos en que me diagnostico a mí misma alguna enfermedad fulminante, cosa que no me puedo permitir al menos hasta que todos mis hijos hayan aprendido las artes mistagógicas de meter los calcetines sucios en la cesta de la ropa para lavar. Sería terrible imaginarlos tirados por toda la casa, mientras se dicen uno a otro: "vamos a leer sus diarios, puede que ahí esté escrito qué hay que hacer con los calcetines".

Por eso, llamo a mi hermana, le describo los síntomas, ella me pregunta: "pero, ¿justo encima del páncreas?", y yo le respondo: "¿dónde está el páncreas?, no me hagas preguntas difíciles, dime solamente que no es nada". Normalmente me conformo con respuestas genéricas como "si te duele, no es un tumor", y cuando comienza a hablarme de la tiroides y de otras glándulas que yo no estoy segura de tener (¿me habré tragado la tiroides?), desvío rápidamente la conversación hacia el nuevo bolso verde de Miu-Miu.

Para las dudas de salud pediátrica, acudo a veces a la hermana de mi marido, dentro de la cual yace en paz otra médico eficacísima. Aunque tiene un hijo casi a punto de graduarse, se acuerda de las dosis de Dalsy que corresponden a cada peso, porque ella, a diferencia de mí misma, sabe cuánto pesan mis hijos, y distingue los síntomas de todas las enfermedades con erupciones cutáneas. Desafortunadamente, para mí, cualquier información de carácter médico es nueva e intrigante como una novela negra que no haya leído nunca, porque borro de mi cabeza todo aquello que tenga que ver con el asunto con una rapidez fulminante. Sin embargo, aunque pasen años, me acordaré con todo detalle del agente Peterson, magnífico personaje que creé después de que uno de mis hijos hubiera metido un pie entre los radios de la bicicleta del abuelo. Cualquiera le habría puesto hielo, me imagino. A mí, lo primero que se me ocurrió fue inventarme urgentemente una historia para consolar sus lágrimas (me he seguido sirviendo de él durante años para repartir la sopa de verduras, porque todos sabemos que el agente Peterson consiguió un puesto entre los más selectos policías de Nueva York a base de comer muchas verduras).

Después, está Emanuela, a la que, sin embargo, no aconsejo llamar a la hora de las comidas, porque si la conversación se desliza inadvertidamente hasta caer en el "¿qué estás haciendo para cenar?", dirá que había visto en el mercado un brócoli buenísimo y un lenguado fresco fresco. Una, en cambio, que no sabe ni siquiera qué aspecto pueda tener un lenguado fresco ni cómo se distinguen los brócolis buenos de los malos, se vería obligada a responder que ahora mismo, puesto que ya son las ocho, abrirá el frigorífico e intentará apañar una especie de tortilla, si es que hay algún huevo que no haya caducado. A veces, también se encuentra una con unos canelones olvidados, con elegante negligencia, por mi suegra después de haber pasado por casa tras recoger a alguna de las niñas de sus lecciones de danza.

Una pequeña precisión sobre mi madre: le pido una y otra vez la receta del pastel de judías verdes porque la apunto en un papel de cocina que después utilizo diligentemente para limpiar la encimera de mármol. La única receta que he conseguido memorizar con total precisión es la más impresentable para mi tipo de invitado habitual — bastante por debajo de los once años, mellado y a veces con chupe —, una versión superpicante del *gulash*.

Con Costanza, mi tocaya además de compañera de pupitre en el instituto, cambio impresiones sobre las amenidades del hombre contemporáneo, como las fiestas de cumpleaños en los centros comerciales, la plaga de los animadores infantiles y sobre la vuelta al analfabetismo, yo entre mis colegas periodistas, ella entre sus estudiantes universitarios.

Si tengo que organizar cualquier cosa, la reina del sentido práctico es Chiara, capaz de invitar a cenar a ocho personas tres días antes del parto y de preparar seis platos con los puntos de la cesárea y dándole el pecho a la niña. Cuando la veo, pienso que yo necesitaría un entrenador personal para mi vida. Si pudiera elegir, me gustaría Pep Guardiola, que en su primer año de banquillo ganó todo lo ganable (y no es que yo lo prefiera porque sea guapísimo, no, por supuesto), pero no creo que me sea asequible su caché.

Con casi todas mis amigas — con mi amiga del alma, Marina, y con todas las demás — se puede pasar con extrema facilidad del nivel más elevado de conversación (espiritualidad, arte, literatura) al más bajo (cotilleos, forma de las cejas, compras compulsivas).

Con todas hay una disponibilidad continua para hacer análisis interminables y repasar nuestras respectivas existencias: se puede seguir contando con todas, y sin la contribución de ninguna sustancia psicotrópica, hasta bien entrada la noche (también porque hasta que no se acuestan todos los niños tenemos que limitarnos sólo a concisas comunicaciones domésticas: mañana a las cuatro en el campo de fútbol del Testaccio, los llevo yo, los recoges tú, tienen que llevar merienda).

Porque tú, querido e ingenuo hombre que estás a nuestro lado, piensas que muchas de estas llamadas son superfluas, que el análisis de la semana pasada es el mismo que el de ésta, puesto que no ha ocurrido ningún acontecimiento histórico, como el nacimiento de un nuevo hijo ni un cambio de trabajo o de maquillaje base. Pero las cosas no son así. Ese análisis tiene que ponerse al día. Siempre puede una mejorar en el arte de la queja, en el cual yo personalmente alcanzo grandes cotas de creatividad y convicción. "Estoy reventada, querría ser la corresponsal de golf de la CNN. No, mejor, retirarme a un monasterio en el Passo del Furlo para escribir un libro, cuidad vosotras de mis hijos. No, mejor, dejo el trabajo, me pongo a bordar y me quedo para siempre en casa con los niños: ¿creéis que puedo contribuir significativamente a la economía familiar sabiendo que coser un botón es para mí como hacer un encaje de bolillo? ¿Habrá mercado para una cosedora profesional de botones?"

Una se queja y escucha las quejas de las otras, no sirve para mucho más. Lo cual es, por otra parte, la versión femenina de ese amigo "al que si lo despiertas de noche, y ya ha ocurrido, sale en pijama, e incluso recibe tus golpes, y después te los devuelve”.[i]

Y ahora, lo primero de todo, es el turno de la novia.

[i] Fragmento de la letra de una canción de Richard Cocciante titulada *Un nuovo amico.*

Monica,
o
¡Hacia el infinito, y más allá!

Querida Monica:

Me preguntas que por qué deberías casarte.

Yo, como dice mi amiga Giulia, una valiente recién casada de veinticinco años, le daría la vuelta a la pregunta y te la haría a ti. ¿Cómo puedes pensar en no casarte?

¿Cómo piensas afrontar toda una vida — que además sería la única que hay — con un hombre solo, dejando la puerta de casa entornada para irte en caso de que algo no funcione?

Es obvio que habrá algo que no vaya bien. Venga, seamos razonables: se trata de un hombre solo dando vueltas por la casa; siempre es lo mismo, un lote completo que incluye la frialdad periódica, el dominio del mando a distancia y los silencios repentinos. Alguien que te pregunta cómo estás y que después se va de la habitación cuando estás empezando a responderle, que durante años no conseguirá acordarse del nombre de tus amigas (pero sí del de la Solarino),[a] y que nunca sabrá apreciar del todo la sutileza de tu crítica cinematográfica, capaz de analizar una película, directamente en la sala, susurrándosela a él en primer lugar en exclusiva mundial.

---

[a] Se trata de Valeria Solarino, una famosa y guapa actriz italiana nacida en 1979 en Venezuela de padres italianos.

Vale, pero esto son sólo minucias. Yo misma te he oído decir algunas cosas rotundas sobre Domenico, y no he visto que por tus ojos pasara ni la más mínima sombra de duda, unos ojos felices al hablar como nunca lo han estado desde que te conozco.

Basta la perspicacia de una oveja para darse cuenta de que estáis hechos como dos piezas que encajan una en otra, como los rompecabezas de patitos de madera de mis hijos que, dicho sea de paso, nunca consigo armar. Siempre pongo la cola en la parte del pico, y los niños empiezan a ser más hábiles que yo con sus manecitas pringosas más o menos desde que cumplen los veintitrés meses (con el ordenador superan mi torpeza manual hacia los tres años). Tú eres su entusiasmo, él tu equilibrio. Él es tu impulso genial, tú eres su brazo. Y no me gustaría seguir como si estuviera escribiendo la letra para alguna canción de un concurso de segunda fila, pero tú me entiendes.

Es cierto que también tiene algunos defectillos: se viste como un daltónico; tiene una pasión insana por la vida al aire libre y se aplica con entusiasmo a enseñarte a reconocer la llamada del abubilla, cuando el único sonido que tú querrías escuchar es el rumor del lavavajillas mientras estás leyendo en el sofá; es un maniático de los complots y siempre intenta explicarte las tramas secretas que manejan los hilos del mundo, cuando a ti te cuesta trabajo recordar lo que sucedió ayer, y eso en su versión más simple y corriente.

Pero sobre los fundamentos de la vida estáis en perfecta sintonía, y sobre lo que de verdad importa, lealtad, solidaridad, bondad, es exactamente como tú querías que fuese. Habíamos hablado de esto muchas veces antes de que os fuerais a vivir juntos, en aquellos años interminables en que siempre estabas sola, y nos esforzábamos en imaginar cómo se presentarían ante nosotras nuestros mister Persona Apropiada.

"¿Lo encontraré haciendo la compra embutido en un repelente chándal? — te preguntabas angustiada. ¿O será el compañero de trabajo nuevo que llega mañana?". Con motivo de tal acontecimiento hiciste un montón de compras que culminaron en aquel vestido ajustadísimo de Givenchy, todo para nada; Dios mío, todo para nada no, porque al final te lo pusiste cuando te decidiste a salir con el pseudo-amigo que te quería desde siempre, con Domenico, porque reconociste que tú también estabas enamorada de él.

Él te esperaba con la lengua fuera, porque ya se sabe que nada atrae más a un hombre que un no, o que un teléfono que comunica, o que una puerta cerrada (yo nunca he conseguido hacerlo, pero las mujeres estilosas saben cómo se hace).

Entre las razones para convencerte de que te cases, yo no incluiría lo de que los preparativos ya están muy avanzados. ¿Quién se iba a preocupar de eso si finalmente decides no casarte? Afortunadamente, habéis decidido mantener la calma y casaros mucho más por el sacramento que por las demás razones. Está claro que no os casaréis para sacar de apuros al peluquero que, por la módica cantidad de ochocientos euros, se había ofrecido a montarte una especie de croqueta blanca en la cabeza y ponerte, como mínimo, tan ridícula como la maquilladora que te había hecho aquella prueba que podría llamarse "cara de zorra".

Perfil bajo, ágape en casa, elegancia sin estridencias, porque las fiestas de bodas están tan sobrevaloradas como la comida ecológica (que se consume entre bocanadas de contaminación) y casi siempre son tan horteras como unas vacaciones en el Mar Rojo. Por tanto, no pienses en esas cosas, aún estás a tiempo de volverte atrás con poquísimos daños materiales, salvo la crisis histérica de tu madre que pensaba que ya te había encasquetado.

Pero precisamente la sobriedad de vuestra boda, en mi opinión, es un presagio añadido de vida feliz, porque ahora todo el mundo celebra "el día más bello" (pero, ¿quién se habrá inventado eso?) con tonos cada vez más triunfales. Esa sobriedad sirve para intentar darle un mínimo de sentido a una ceremonia que para muchos ya no tiene ninguno.

Está claro que no tendrá lo de la "consumación" de la primera noche, que ya es un recuerdo remoto, que si no fue en la primera cita poco le faltaría; es posible que dos que viven juntos, decidan casarse probablemente buscando "un revulsivo"; Dios, llamado a ratificar la unión, es una especie de sombra vaga que se mueve al fondo. Y puede que ni siquiera llegara a eso, a esa sombra al fondo, si no fuera porque las iglesias proporcionan una escenografía más romántica, más solemne, con todo su aparato de velas y de pinturas, la mayoría de las veces privado de significado por los asistentes.

¿Qué te puede aportar entonces el álbum encuadernado en piel con las fotos de ella a un palmo de él, la cena con trescientos invitados y el cochazo alquilado? Se me ocurre que, la mayoría de las veces, hay una relación inversamente proporcional entre los vulgares excesos de la boda y la solidez del matrimonio.

Tu ceremonia, mesurada, elegante, coherente, es el preludio del nacimiento de una verdadera familia, estoy segura.

Pero, con el "día D" que se cierne sobre ti, según lo veo yo, aparece siempre una duda posible o, más bien, una duda obligatoria. A mí también me pasó, a pesar de que estaba convencida, a pesar también del escenario perfecto, que no hubiera podido ser mejor ni aunque lo hubiera diseñado Nora Ephron: imagina, yo con trece años menos y sin los cuatro hijos y con un poquito más de vitalidad — elementos todos que, según el director del casting hubieran pesado lo suyo —, un pequeño restaurante italiano en Nueva York y los mejores spaghetti con tomate y albahaca (variante sin *meat balls*) que he comido en mi vida, pero no se lo vayas a decir nunca a mi madre.

Y es que las palabras "¿Quieres casarte conmigo?" siempre causan su efecto, aunque una se las espere, y aunque las haya solicitado con sutiles presiones psicológicas ("¿No tenías que decirme algo? Si me quieres decir algo, ¿por qué no me lo dices ahora que el escenario está a la altura del momento?").

Luego la cosa sucede, y te sorprende. Pero, ¿qué ocurre? ¿De verdad lo está diciendo? ¿Y si después de todo me he equivocado? ¿Y si cuando nos vayamos a vivir juntos descubro que los domingos se pone un chándal de papel plastificado? ¿Y si acaba embruteciéndose, y si emite ruidos molestos, y si quiere también un espacio para él en el estante del cuarto de baño, en ese estante que, desde que el mundo es mundo, es todo mío?

Yo explicaría tu crisis, más bien, como la reacción normal de quien hace una elección de una vez por todas. Una acción obsoleta en un mundo que exalta la duda y la provisionalidad como caracteres distintivos de las mentes libres e ilustradas.

En cambio, es evidente que elegir es siempre decir un no junto con el sí que se está diciendo. Imposible escapar. Incluso el que cree que no elige, en realidad, está escogiendo un camino único. No escoge todos los demás. El que decide que prefiere relaciones ocasionales está diciendo que no a la complejidad, a la profundidad, a darlo todo si quedarse con nada. Quien se decide por el compromiso definitivo dice que no a muchas otras cosas; puede que a la ligereza y, con seguridad, a la independencia. Tú estás por decirle que sí a Domenico (porque se lo dirás, está claro, a no ser que quieras que te persiga con mis reprimendas los próximos quince años) y estás por decirle que no a ese colega tenebroso tuyo, y además a todas las personas de tu pasado y de tu futuro, y también al trabajo *free lance* en Bruselas,[b] al contrato en Pisa (de casados sería oportuno vivir juntos, si es posible), y a todas las demás Monicas posibles que todavía de vez en cuando te rondan para que las tomes en consideración. La ansiedad forma parte del procedimiento. Todos los días de tu vida hasta que la muerte os separe, efectivamente, podrían ser muchísimos días.

[b] En inglés en el original: *free lance* (literalmente, "lanza libre") es un término acuñado en la novela *Ivanhoe* por Walter Scott para designar a los caballeros medievales mercenarios. Se aplica al trabajo que muchos profesionales hacen por cuenta propia.

Pero, ¿de qué sirve vivir si no construyes algo que te supere?

Si se deja abierta la posibilidad, está claro que a uno le asalta la tentación de largarse al menos una vez cada cuarenta años (a alguna con más frecuencia aún, generalmente después de la novena hora de repeticiones y comentarios sobre las excelencias de Totti).[c]

Pero eso sería un error. Un gran, estupidísimo e irreparable error, porque en el lote completo del matrimonio entra esa adhesión total a que aspira todo corazón. Hay uno a quien puedes mostrarte toda entera, y sentirte amada así. Hay uno al que aprender a amar siempre más profunda y completamente, de un modo que ni siquiera puede soñar el que no ha elegido a una sola persona para toda la vida, *full optional*.[d]

Y hay "muchas más cosas que no puedo decir aquí", como diría Gino Paoli.[e] No puedo, no soy capaz y soy demasiado pudorosa, pero, fíate de mí, una relación estable puede reservarte sorpresas desde todos los puntos de vista.

Serás feliz por haber esperado que se convirtiera en marido tuyo, aunque puede que ahora no te guste haberte metido en algunas historias precedentes como tributo al consumismo sexual que respiramos en el aire de esta edad de la razón.

---

[c] Francesco Totti es un excepcional futbolista italiano que, en la actualidad, es delantero de la Roma.

[d] En inglés en el original: el término *full optional* se aplica a los coches que llevan todos los extras posibles.

[e] Gino Paoli (1937) es un músico y cantautor italiano, uno de los más reconocidos en los años sesenta y setenta. La cita es un fragmento de la canción titulada *Questione di sopravvivenza* ("Cuestión de supervivencia"): *Io ti prendo come sei e per altro che non posso dire qui, è questione di sopravvivenza vivere con te o stare senza te* ("Te tomo por cómo eres y por otras cosas que no puedo decir aquí, es cuestión de supervivencia vivir contigo o estar sin ti").

El problema no es tanto que fueran relaciones prematrimoniales, es que eran relaciones extramatrimoniales. No hablaban de unión, no eran la continuación natural de una donación cotidiana, continua y definitiva de ti. No eran tu proyecto de vida.

Algo muy agradable, ciertamente, quién lo niega, pero que no tiene nada que ver con lo agradable que puede ser el amor físico cuando se ama con entrega total, compartiendo cargas, espacios y tiempos. Cuando se supera la fase de cansancio y, como en un videojuego, se pasa al nivel superior, descubriendo nuevos territorios. Es verdad, limpiar vómitos de recién nacido puede que no sea el no va más de la excitación, eso sí, pero después se vuelve a la vida. Se sale del túnel.

Porque, además, el viejo truco (desde que pasó lo de la manzana) es siempre el mismo: hacernos creer que autodeterminándonos, siguiendo inmediatamente todas nuestras emociones, somos libres y felices, no como esos pobres reprimidos que esperan el más allá como premio de consolación.

Nada de eso es verdad. Veo a un montón de infelices ejecutores de sus propios caprichos. En cambio, como escribía Chesterton, "no hay nada más transgresor y excitante que la ortodoxia". El matrimonio es divertido, y natural, y responde a nuestras necesidades y a nuestros deseos de felicidad.

Mi marido no lo admitirá nunca ante testigos oculares, pero hasta él está contento de haberse echado a la espalda la carga de esta ridícula criatura que olvida las patatas en el horno y se acuerda de ellas a treinta kilómetros de casa, y así y todo se empeña en buscar el lado positivo del asunto (todavía no lo he encontrado, pero debe haberlo, estoy segura); que, de vez en cuando, se da cuenta de que se ha llevado a las niñas de paseo sin braguitas; que, después de muchos años, sigue sin conocer más que tres itinerarios en Roma y que siempre los toma, aun cuando el sitio a donde vaya sea totalmente distinto, con fe ciega en que la Providencia la conducirá de algún modo a su destino.

El matrimonio es un exoesqueleto que nos defiende, ante todo, a nosotros, hombres y mujeres que hemos elegido este estado. Nos protege de nuestra inconstancia, nos viene bien. Nos anima a encontrar caminos nuevos cuando los viejos parecen no tener salida (tengo que comprarme un navegador), nos dice quiénes somos en una confrontación continua con otra persona que lo sabe todo de nosotros y de nuestro egoísmo. Y es divertido, puede que ya lo haya dicho antes, pero ¿qué esperas de una que olvida las patatas en el horno? Ah, acabo de darme cuenta de cuál fue el lado positivo: que la casa no ardiera. También se puede tener una vida matrimonial satisfactoria si, cuando estéis en la cama, en silencio, y a ti te parezca que estáis en plena crisis de pareja, y le estés dando vueltas a la cosa en secreto, preguntándote a qué punto ha llegado vuestra relación, lo ves a él mirando fijamente al techo en silencio. Si te dice que no piensa en nada, fíate de él: no piensa en nada. No creas que está pensando en dejarte. Si mira fijamente al techo, estate segura de que está produciendo pensamientos que no tienen doble fondo alguno, por ejemplo: a) mira qué agujero, tengo que darle una mano de escayola; b) esperemos que el domingo nos toque un buen árbitro; c) me tomaría una cerveza pero no tengo ganas de levantarme. Y vuestra relación no estará en crisis: se trata solamente de que sois distintos.

Realmente, al principio hay que suavizar muchas aristas, como su forma insensata y torpe de usar los paños de cocina y tu tendencia a dejar que se pudran los pepinos y los tomates en el cajón de verduras del frigorífico. Y algún día podrá parecerte inconcebible el modo en que tu marido deja la ropa abandonada en lugares incoherentes. E incomprensible su habilidad para cambiar de canal cuando va a llegar el beso, irrefrenable su obstinación en tachar siempre de la lista de la compra lo más importante, justo lo imprescindible para preparar la cena. Impenetrable el muro de su sueño cuando los niños lloran de noche. Imponderable el hecho de que las enfermedades de los niños se presenten exclusivamente cuando él está fuera en viaje de trabajo, y cuanto más lejos esté más alta será la frecuencia de los ataques de tos. Imprevisible su elección del momento en que decreta que hay que airear la habitación, sin importarle el hecho de que fuera esté helando y tú le estés poniendo el pijama a los niños. Inexplicable su incapacidad de hacer más de una cosa a la vez, y no me refiero a escribir un tratado de filosofía y tocar simultáneamente el violín, sino a algo así como hablar y calentar un biberón.

Sólo hay una manera de limar las aristas. Tendrás que aprender a ser sumisa, como dice San Pablo. O sea, a ponerte debajo, porque tú serás la base de vuestra familia. Tú serás los cimientos. Tú sostendrás a todos, a tu marido y a tus hijos, adaptándote, aceptando, dejando pasar las cosas, dirigiendo con dulzura. Quien sostiene el mundo es el que está debajo, no el que se pone por encima de los demás.

Sólo lo podrás hacer tú, porque, entre Domenico y vuestros hijos, serás la única mujer adulta y, por tanto, elástica, tierna, sólida, resistente, paciente y prudente.

Acabemos con las hembras alfa y los machos omega. Tendrás que aprender a aflojar las riendas, a renunciar a la tentación del hipercontrol. No podrás dirigirlo todo, tendrás que hacer un acto extremo de humildad y confianza, y dejar hacer a tu marido. Aun cuando apostarías diez a uno a que tú eres la que lleva razón. Haz la prueba. Y no digas "no me da la gana". Muérdete la lengua y ten el valor de esperar a ver qué sucede si el mundo se queda sin una opinión tuya. Las cosas no se realizarán a tu modo, pero, increíblemente, el mundo tendrá una razón para hacerlo así. Y él empezará a pedirte tu opinión, dado que no se la quieres imponer.

Renunciar al control quiere decir también que él es el Ministro de Hacienda y, puesto que te fias de él, tienes que resistirte a la tentación de controlar las cuentas. Nada de debates parlamentarios sobre presupuestos, finge que el gobierno ha planteado una moción de confianza y dásela.

Cuando tengas que criticarlo, hazlo con respeto, y sin humillarlo, aun cuando estés segura de que la crítica es indispensable. Si puedes esperar a mañana por la mañana, mejor.

Cuando se haya pasado las últimas veinte horas pintando el salón en ese tono gris perla pálido del que tu sentías una necesidad urgente e improrrogable, evita insistir en que ha llenado de gotas el parqué.

Cuando se haya tirado toda la mañana haciéndole la revisión al coche, porque tú eres una inepta total y cuando se te acaba el líquido del limpiaparabrisas te parece más práctico poner el coche en venta que aprender cómo se rellena el depósito, por lo menos evita protestar porque ha llegado tarde.

Te llamas Monica, como una de las primeras mujeres santas, la madre de uno de los más grandes cerebros que ha tenido la humanidad, San Agustín (perdona Santa Mónica, de madre a madre: ¿me quieres decir qué juegos educativos usabas para tu hijo?). Fue una mujer que esperó con paciencia, durante años, a que marido e hijo acabaran comprendiendo.

Con una protectora así, no nos defraudarás.

Un beso de tu amiga de guardia.

C.

A veces, cuando le pido a Guido, mi marido, una prueba de amor particularmente ardua — como, por ejemplo, hacer en una misma jornada el *tour de force* de visitar algunas iglesias, invitar a unos amiguitos de los niños y montar unos estantes — y recibo, claro está, la negativa habitual, le recuerdo que me prometió fidelidad eterna ante Dios.

Lo escuché, le digo. Me acuerdo.

Él responde que sí, que probablemente eso ocurriría en mi matrimonio, y subrayo lo de mío, pero que él no se acuerda de haber oído o dicho nada parecido a "hasta que la muerte os separe".

Y cuando, el otro día, la cajera nos preguntó "¿los señores van juntos?", respondió "por el momento parece que sí". Hizo suyo el papel de Harry, el de Sally, que nunca acompañaba a las novias al aeropuerto, ni siquiera después de la primera cita apasionada, para evitar que se acostumbraran a unas prestaciones demasiado altas.[f] Guido también prefiere no mojarse. "Pero, ¿por lo menos me quieres?". "A veces". Por otra parte, yo me inclinaría a considerar como un indicio bastante significativo de su, digamos sin exagerar, estima y simpatía por mí, el hecho de que hayamos tenido juntos cuatro hijos en siete años.

Es verdad que no corro el riesgo de aburguesarme, y tengo que decir que me gustaría mucho.

Contrariamente a la imagen de la *vulgata* — el matrimonio tumba del amor, "a falta de otra cosa, me acuesto con mi mujer" y otros clichés de ese tipo —, casarse hace que uno entre en una relación dinámica y exigente, y siempre nueva. Dicen que con el transcurrir de los años aparece la posibilidad de la rutina. No lo sé: yo no veo venir el momento de aburrirme.

[f] Se refiere la autora a la película estadounidense *When Harry met Sally* ("Harry y Sally", en los cines españoles), dirigida en 1989 por Rob Reiner, que cuenta la historia de un hombre y una mujer que se conocen accidentalmente en su época de estudiantes. Él tiene la certeza de que es imposible que un hombre y una mujer mantengan una relación sólo de amistad. Ella piensa lo contrario. Las circunstancias los separan y los acercan de cuando en cuando y su amistad resiste. Al final, el espectador se da cuenta de que la historia es la narración de una gran historia de amor entre los dos.

Pero, si tal cosa sucediera, tengo una larga lista de cosas que hacer que ocupa tres páginas. (Seguro que me la llevo a la tumba. ¿Quién va a ordenar, entonces, si no soy yo, el cajón de las fotos de los niños? ¿Quién va a leer todos esos libros? ¿Quién va a desempolvar el griego que estudié? ¿Quién va a correr todas las maratones que yo quería correr? ¿Quién va a llamar a todas las personas que todavía me gustaría volver a ver o, al menos, volver a escuchar?)

Si no se cierra la puerta al mundo, es difícil correr el riesgo de habituarse.

El matrimonio tiene sentido. Tiene muchísimo sentido si uno es cristiano, porque es una ayuda de lo alto para el que lo pide, como cuando en los videojuegos aciertas con la base enemiga y se triplican tus puntos, como mis hijos me enseñan.

La ayuda que hace que uno ponga el corazón en el lugar adecuado y que hace fecunda la vida. La ayuda que hace que uno se enfrente al cansancio y a la dificultad, no como por obligación, sino por la certeza de haber apostado todo a la carta ganadora.

Dado que el cansancio, el sufrimiento, las caídas y los arañazos en las rodillas están previstos en el menú básico de la existencia, en la de todos, sin excepción, conviene decidirse por el cansancio.

Y conviene decidirse por alguien con quien compartir una parte del nuestro. Si es posible, evitando echarle encima todo el peso muerto. (Monica, cuando estés de muy mal humor ve a darte un paseo, llama a alguien, aunque no sea a mí, o tómala con el bote de Nutella, pero, si puedes, no lo hagas con Domenico.)

De este modo, el camino puede ser agradable, aunque sea cansado, pero no quisiera hablar también por mi marido. Cada vez que empiezo a especular — y pienso "él también es feliz" —, en mi superpantalla interior aparece la imagen de mí misma como devota mujercita que prepara la cena con amoroso esmero, rodeada de muchachitos. En ese momento, creo que mi marido está en el trabajo, cuando en realidad está bailando junto con una fila de brasileñas en tanga, tocando con un pito de carnaval las notas de "Brigitte Bardot Bardot".

Ciertamente, salir de la lógica de la reivindicación ayuda a crear un clima positivo, como bien sabe un amigo mío casado con una mujer lo bastante imprudente como para protestar por su pasión por la montaña (pasión que tiene la ventaja de no poder practicarse en las escaleras de la casa y que requiere el alejamiento del área urbana en la que se encuentra esa quejosa mujer).

Con todo, la lógica que parece prevalecer en muchas parejas es la del contrato: "Yo he cuidado a los niños para que tú fueras a jugar a fútbol-sala, tú tienes que quedarte con ellos ahora para que yo vaya al gimnasio". Más que una pareja, una empresa. Y las empresas se abren y se cierran según las exigencias del mercado.

Así se entiende el vertiginoso aumento de los divorcios, con las mujeres poniendo en crisis los antiguos equilibrios — a veces con razón —, pero sin saber proponer otros nuevos.

En otro tiempo, la gente también se casaba por motivos económicos, o de seguridad, y aun cuando no se quisieran, al menos se respetaban. Ahora, en la época de la dictadura de los sentimientos y las emociones, se espera muchísimo del matrimonio. Para que, en estos días, una unión dure, tiene que ser feliz, de otro modo no es satisfactoria. No sé si esto es más o menos justo, pero ciertamente es más difícil satisfacer tantas exigencias y tantos imponderables. Sobre todo, si no se está dispuesto a tolerar, a esperar, a esforzarse por encontrar soluciones creativas, puesto que se dijo "en la salud y en la enfermedad, en la riqueza y en la pobreza, hasta que la muerte os separe". Y no sólo se dijo "amar", sino también "honrar".

Al cuestionar su papel, la mujer ha cuestionado igualmente ese "talento innato suyo" — como dice Cesare Pavese —,[g] esa "disposición originaria, que es un virtuosismo absoluto para conferirle un sentido a lo finito. La mujer reconcilia con el mundo tanto al hombre como a sí misma, está en armonía con la existencia en una medida desconocida para el hombre, porque la mujer explica la finitud, ella es la vida profunda del hombre: una vida tranquila y escondida como lo es siempre la vida en las raíces".

¿Qué hay que hacer para "ser la vida" de alguien? Lo primero de todo, ayudarle a llevar sus cargas y debilidades, estando a su lado sin sentirse superior. El riesgo del "lo hago yo, que soy muy capaz", donde se sobreentiende el "y tú no", está bastante presente. Yo, por ejemplo, de cuando en cuando, me sorprendo disparando a mi alrededor juicios tan tajantes como la espada láser de Obi-Wan,[h] y cuando me visto de cruzada es mejor ponerse fuera de mi alcance (cosa que mi marido sabe hacer de maravilla; llegado el momento se desmaterializa, y su teléfono móvil, si se acuerda de encenderlo, misteriosamente siempre permanece en una zona sin cobertura).

Esa actitud es siempre mejor que la nuestra, la de las mujeres, cuando nos ponemos a hacernos las víctimas, como mártires re-

[g] Cesare Pavese (1908-1950) fue uno de los escritores italianos más importantes del siglo XX, poeta, novelista, traductor y crítico literario.

[h] Uno de los personajes centrales de la saga cinematográfica de *Star Wars* ("La guerra de las galaxias").

signadas cuyos estigmas espera uno ver sangrar de un momento a otro. Y ésa es otra de mis especialidades: me hago la pasiva, me quedo en silencio, suspiro conmovida por mi nobleza de ánimo, por mi magnánimo aguante, por mi heroísmo. Las limitaciones del otro — que las tiene exactamente igual que nosotras — se deben acoger dentro de un contexto de lógica constructiva, no obtusamente pasiva.

Después, para "ser la vida" es preciso prestar atención, hacer gestos de ternura, de delicadeza, recordar que el otro va antes que yo: cosas todas que se tienden a olvidar conforme aumentan los años pasados juntos, los culitos que lavar y los deberes que corregir, hasta el punto de que, a veces, cuando uno se encuentra con el otro en el pasillo está tan cansado que ni se digna mirarlo.

Yo, una noche, cogí a una niña al revés, con los pies junto a mi cara y la cabeza bocabajo y no me explicaba por qué no se calmaba ni siquiera en brazos. Y le daba golpecitos enérgicos para ayudarla a digerir la leche, pero se los daba en los muslos en vez de en la espalda. Probablemente, llevaba sin dormir algunas noches y de mi marido no me venía a la mente ni su nombre (había un señor en mi cama, es cierto, lo recuerdo, pero no con claridad, porque yo estaba casi inconsciente). A veces, acercarse para dedicarle alguna atención a ese señor desconocido puede ser muy peligroso; si pierdes el ritmo, algo escapará a tu control, un hijo se irá a la escuela en pijama o lo detendrás a un milímetro de la tragedia antes de meter un destornillador en el enchufe. Pero es necesario encontrar el modo de hacerlo.

"Ser la vida" también es ocuparse del nido, o sea, de la casa, de la alimentación, y se podría decir que yo lo hago si pasamos de puntillas sobre algunas cosas, como, por ejemplo, que siempre me acuerdo tarde de que tengo que preparar la comida (¿habéis probado a descongelar los filetes echándoles el aliento o poniéndooslos bajo la axila?) y que, de vez en cuando, por la noche, ya muy tarde, semiinconsciente por el sueño, intento poner un poco de orden en el caos, sentada, con sólo el poder de la mente, mirando fijamente cada objeto con la máxima concentración (no funciona).

"Ser la vida" es amar sin medida, es decir, sin tener en cuenta la medida en que el otro lo hace, o sea, justamente de la forma en que uno desea ser amado. Por poner un ejemplo: si él está cansado y quiere un poco de tiempo para él, no es un gesto de amor organizar una velada con los amigos, aunque eso fuera exactamente lo que nos apeteciera.

Y también ser discretas, no entrometidas, delicadas. Seguir llamando a la puerta, diciendo gracias, respetando. El amor es un sentimiento violento, pero el otro no es tuyo.

Y también hacer un esfuerzo continuo por ser auténticos, aun cuando ser sinceros no conlleve la necesidad de decirse todo; hay problemas que lo único que hacen es cargar al otro con un peso inútil. Pero sí que implica no tener miedo a mostrarse como uno es (Guido, aprovecho ahora y te lo digo delante de todos: no entiendo el fuera de juego pasivo).

Es acompañarse el uno al otro hacia el misterio, porque al final nuestra esencia más íntima, profunda y última tampoco está en ser varón o hembra, sino en una impronta de eternidad, en un anhelo de felicidad, de absoluto, que está en ambos.

Livia y Lavinia,
o
Cuando se es rosa por dentro, se es rosa por dentro

Queridas Livia y Lavinia:

Pasemos rápidamente por alto el hecho de que ahora sois mis hijas y, también, para ser muy precisos, de que todavía sois niñas de guardería. Así que no os haré las recomendaciones con las que normalmente alegro vuestras jornadas. Demos por descontado lo que ya os he dicho hoy. Por turnos: Livia, hay que dejar el chupete, porque ya eres "un nene", como tú dices, es decir, ya eres casi tan grande como tus gigantescos hermanos varones (uno de ellos ya está en quinto de primaria). Y no, tener un caballo en el jardín no me parece un proyecto factible. Sí, sé que a una verdadera princesa siempre la salva un héroe, pero si aprendieras a bajar sola de la camita sin darte un golpe en la cabeza, sería un gran alivio para mí.

Lavinia: no le des patadas a las cosas cuando pases con aire indiferente, y que sepas que mamá te ve siempre, incluso cuando estás en otra habitación. Y también cuando en el futuro estés en el extranjero, de viaje, si es que tengo que decirte: tira ese cigarrillo. Entiendo que te fascine la estilográfica de oro que me regaló el abuelo y que siempre me quitas para escribir unas anotaciones preciosas (AAEEBOO) en tus dibujos, pero si usaras un modesto bic te quedaría muy agradecida. Puedo comprender que cuando una es rosa por dentro, es rosa por dentro, pero creo que, al menos, en cuanto a la ropa interior podrías hacer una excepción y, aunque lleves unas braguitas blancas el día que encuentres a tu príncipe, no ocurrirá ninguna catástrofe.

Demos también por descontado que a vosotras y a vuestros hermanos os queremos más que a nuestra misma vida, yo y ese padre vuestro de mirada lánguida, que cuando os contempla, sobre todo a vosotras las niñas, se derrite; así que ya os ha comprado, prudentemente, unas camisetas con un letrero que dice: "Algún día llegará mi príncipe y mi padre lo machacará".

Ciertamente, habéis conseguido que haga cosas que eran impensables en él, como poneros un par de leotardos en menos de quince minutos, distinguir una sombra de ojos — el elegantísimo matiz rosa años ochenta que os gusta más — de un rojo de labios, y aprender a columpiarse en una hamaca de cinco plazas (se tumbe donde se tumbe, siempre acabáis todos encima de él).

Demos por descontadas todas las cosas maravillosas que se pueden decir de vosotras, el sentido del humor de Lavinia, la sensibilidad de Livia, la inteligencia de las dos, y todos los demás truquillos que nos contamos en privado y que ahora no es momento de decir.

Demos por descontadas igualmente las recomendaciones que serán la banda sonora de vuestros años de primaria: esa página la tienes que volver a escribir desde el principio; ¿has preparado la mochila?; no, sabes que las Winx no nos gustan, papá y yo no os compramos muñecas que digan: "Siento un impulso frenético de ir de tiendas".

Pasemos más allá de toda la adolescencia, porque me odiaréis, y todo lo que diga podrá ser usado en mi contra. De todas formas, si no queda más remedio que pintarse, al menos que la raya de los ojos sea del mismo color que la máscara. Sobre el tema del maquillaje, más tarde, cuando seáis grandes, tened en cuenta dos principios básicos: en primer lugar, jamás sin crema base (un minuto de silencio por su benemérito inventor, que merece un Nobel); en segundo, jamás se presta una bolsa de maquillaje de Chanel a una a la que acabáis de retirarle el pecho recientemente.

Finjamos ahora que ya sois unas mujercitas. Sigo con mi trabajo, en el caso de que no se cumpla mi segunda peor pesadilla, la de morirme antes de que lleguéis a ser lo bastante grandes y fuertes. Porque la primera de las pesadillas de mi lista es que os suceda algo a vosotras, pensamiento que por sí solo haría mi vida intolerable, si no me acordara de que la vida misma no es nuestra, sino que está asentada en las manos de Alguien que nos quiere mucho.

No sé cómo será el espíritu de la época en que vosotras empecéis a preguntaros por vuestra identidad. No sé cuánto habrán cambiado los tiempos con respecto a los que yo he vivido; por lo que veo ahora me parece que habrán cambiado mucho.

Lo primero, la adolescencia. Actualmente, en su mayor parte, los (pre)adolescentes me hacen sentirme como una especie de retrasada, con sus vestimentas, maquillajes y actitudes cargados de alusiones a una realidad muy misteriosa — el sexo — de la que yo, a esa misma edad, ni siquiera había oído hablar. Chicas, el tanga sobresaliendo por encima de los vaqueros en segundo de la ESO, olvidadlo: papá os comprará braguitas de flores hasta las axilas; seguro que en alguna mercería de pueblo quedarán dos o tres pares que os vendrán que ni pintados.

No se pueden usar expresiones — que he escuchado con mis propios oídos — como "estoy nerviosa, tengo que ir de tiendas" a una edad en la que yo llevaba el aparato de los dientes, los zapatos ortopédicos y la ropa heredada de alguna prima más entrada en carnes (yo era un palo) o más bajita. Digamos la verdad, era un verdadero callo, pero era demasiado pequeña para darme cuenta de algo.

Ahora, sin embargo, los mismos dibujos animados que os quieren proteger de todos los traumas — fuera la muerte, fuera el miedo, fuera el dolor — están llenos de alusiones a una emotividad barata y al sexo, alusiones con las que os bombardean literalmente desde la cuna. Historias de amor e intrigas de pareja, como si lloviesen los príncipes azules. Y no es suficiente con no ver la tele; de todas formas, de un modo misterioso, todo eso llega a vosotros.

La adolescencia que comienza antes de tiempo proseguirá después hasta el final, hasta la vejez, porque quisiera yo saber cuándo se resigna una a calificarse de vieja, porque los setenta son los nuevos sesenta, los sesenta los nuevos cincuenta y así sucesivamente, desde que Gloria Steinem se inventó ese embuste:[a] cuarentonas con el cochecito marca Smart de Hello Kitty, señoras con las camisetas decoradas con enanitos y mujeres maduras con collares de muñequitos color rosa (vale, yo tengo uno, pero me lo han regalado y, además, hace tiempo que me lo habéis requisado).

El análisis económico no es mi fuerte, aunque tenga veleidades de editorialista, como bien sabe Luca, mi antiguo jefe de redacción que siempre hacía pedacitos mis divagaciones para el telediario: profundas y magistrales estampas de costumbres de los fenómenos económicos. Modificar, seleccionar, tecla *"delete"*. "Pero, Luca, ¡me has quitado la parte más inspirada! ¡Me cortas las alas!". "Te las corto para que no tengas el mismo final que Ícaro. Tienes que darme los datos del Instituto Central de Estadística. Además, no quiero homilías". Me respondía así cada mañana sin alterar su imperturbable expresión facial (pero creo que reía para sus adentros).

En resumen, quizás el análisis no sea mi fuerte, pero como ahora esto no lo está leyendo Luca, puedo dar vía libre al economista que hay en mí y preguntarme si toda esta prolongada adolescencia no vendrá potenciada de algún modo — medios de comunicación y publicidad — por las leyes del mercado. Si acaso no servirá para aumentar hasta el

[a] Gloria Steinem (1934-2003), de nacionalidad estadounidense, fue cantante y actriz en su juventud y, más tarde, escritora y periodista de militancia feminista muy activa que condensaba habitualmente en furiosos ataques contra el matrimonio. Acabó cambiando de opinión y, de hecho, se casó tres años antes de su muerte.

paroxismo falsas necesidades de consumo, haciendo imprescindibles algunos productos que una mujer de cincuenta años debería haber olvidado hace tiempo.

De todos modos, durante la adolescencia, suponiendo que vuestro padre os deje salir solas antes de los treinta años, el juego de la seducción estará en su apogeo. Es el momento en que siempre tienes que estar "a tiro", para atraparlo a él, precisamente a ese único chico que hay en tu campo de visión que no te mira a ti. Un jueguecito de conquista que tiene que ver muy poco con el amor ("Me gusta él, porque no me quiere", y todos los demás mecanismos elementales de funcionamiento de la mente humana en su versión más básica) y que obliga a presentarse de forma vistosa, cuidada, a la moda y siempre diferente.

Así que, consumidoras compulsivas llenas de necesidades inducidas: la felicidad de todos los directores comerciales es la mujer soltera con sueldo. También son muy queridos los *dink, double income no kids*, las parejas que se reparten los gastos pero sin hijos y, por tanto, con un montón de dinero para derrochar.

Lo mío no es pauperismo: la riqueza es una bendición, pero si se usa juiciosamente, con criterio, buscando el bien, el nuestro y el de los demás.

Por tanto, niñas, por eso recibís tantos noes (nunca los suficientes, según las abuelas) como respuesta a vuestras continuas peticiones, para que aprendáis lo antes posible que las necesidades no se sacian con las cosas, aun cuando en algunos momentos me parezca clarísimo que el bolso de Dior de pelo de Mongolia me aportaría grandes beneficios psicológicos.

Sí, porque al educaros a vosotras me educo a mí misma, porque, a decir verdad, yo encontraría algo que vale la pena comprar en casi todas partes. Una vez, descubrí un sombrero irresistible (¿me habéis visto alguna vez con sombrero?), según creo, de los años sesenta, en una tiendecita minúscula de un minúsculo pueblo de las Marcas, que tenía un poco de todo, reunido a partir de los sobrantes de una boutique cerrada hacía ya una vida. Inmediatamente me pregunté cómo había podido vivir sin aquella tienda hasta aquel día. Cuando me fui, seguramente brindarían en la trastienda por todas las cosas de las que se habían liberado. En compensación, enriquecí con un nuevo y prestigioso artículo el pabellón "nunca más sin" de nuestra casa, rico en zapatos, cuadernitos, postales de época, plumas, bolsos, objetos nunca utilizados que en su momento me parecieron esenciales para mi bienestar psicosomático.

Después de la adolescencia, llega la fase de los estudios, que también se dilata mucho en el tiempo: ahora tenemos bachiller, grado, máster, doctorados, becas de investigación y prácticas de empresa. Con lo cual, la entrada en la vida adulta — algo extravagante y audaz, como tener una casa y pagarla tú o una familia propia — cada vez se retrasa más. Así, los hijos, si vienen, se presentan cuando los padres tienen las energías físicas de una persona madura (¿y el cerebro de un adolescente?). En cuanto al sexo, yo no soy una madre amiga, por lo tanto, no vengáis a contarme nada. No nos intercambiaremos los tacones de aguja (de todas formas, yo no tengo) ni la ropa interior de calidad. No os contaré nada personal, porque, lo mismo que Cam en el Génesis, debéis permanecer fuera de mi dormitorio.

Hablaremos, cuando llegue el momento. Os diré fundamentalmente que no os echéis a la calle, eso será algo bueno, sobre todo para vosotras. Nunca os arrepentiréis de haber esperado, de haber dejado pasar un poco el tiempo, de haber dejado tiempo para que las emociones se decanten. Con el sexo se puede dar comienzo a una vida nueva, que es eterna, y con la vida no se juega. Haber roto ese lazo entre hacer el amor y dar la vida ha convertido el sexo en algo triste y cobarde, poco audaz y nada valiente. Darle su peso justo — que es enorme — a hacer el amor lo convertirá en algo increíblemente más precioso y verdaderamente emocionante para vosotras. Y, de hecho, las investigaciones, los sondeos, los periódicos hablan de una pérdida generalizada del deseo o, más bien, de la muerte del deseo por exceso de satisfacción. No es difícil entender el motivo de esa muerte viendo, por ejemplo, la obstinación con la que pedís y esperáis regalos que, una vez conseguidos, pierden gran parte de su atractivo (¿hablamos de esas Barbies abandonadas?, ¿o del pobre monito Ringo que yace en el fondo del cesto?).

Cada vez más, con los años, las mujeres nos preguntamos qué queremos ser. Porque la respuesta no está predeterminada, como lo estaba en otro tiempo, por ejemplo, para vuestra bisabuela, la abuela Irma, que no creo que en ningún momento de sus noventa y seis años se hiciera ni por aproximación una pregunta como ésa, pues estaba ocupada principalmente en mantenerse y mantener a sus hijos.

Poder preguntarse qué quiere ser una, tener delante un abanico de posibles respuestas y no un camino marcado desde la cuna, es sin duda un gran privilegio, como también lo es la libertad. Pero de la libertad, lo mismo que de la riqueza, hay que hacer buen uso. O sea, que en cierto momento hay que responder, hay que elegir y hay que rebelarse contra el juvenilismo y contra la retórica de las *sliding doors* — la otra vida posible que hubiéramos vivido si hubiéramos cogido el otro vagón del metro —, que ha hecho rica a una generación entera de escritores contemporáneos.

En resumen, chicas, en cierto momento hay que elegir y responsabilizarse. No, no ahora que sois pequeñas: ahora elegimos nosotros, y no se discute (falta sólo una veintena de años, y después podréis olvidaros libremente de las espinacas). Lo siento, pero esta casa no es democrática. Ser entrenadas en la obediencia os hará mucho bien, y sólo bien, para cuando llegue el momento de tomar decisiones. Dentro de vosotras habrá arraigado, esperemos, algo firme, algo tan obsoleto como distinguir el bien y el mal, lo justo y lo injusto.

"¿Quieres decir que realmente piensas que lo que tú crees es verdad y lo que yo creo está equivocado?", me preguntó una vez un colega en el colmo de la indignación, y con un sincero dolor. Había en sus ojos un estupor genuino: "¡Y me parecía una muchacha muy simpática!". Ni que le hubiera dicho que iba por las guarderías distribuyendo alcohol y drogas. Sí, Renato, me reafirmo: por increíble que pueda parecerte, pienso que existe lo verdadero y lo falso. Que no son intercambiables, que non son relativos, qué pretensión la mía, desde mi punto de vista.

Volviendo a la pregunta sobre la propia identidad, nosotras, alumnas de secundaria a finales de los ochenta, crecimos con la idea de que lo tendríamos todo. Estábamos convencidas de ser iguales a los hombres. Entre nosotras y nuestros hermanos varones, en casa no había diferencia, ni tampoco en clase. Estudiábamos sin que ello nos pareciera conquista alguna; llegar a ser médicos, abogadas o profesoras de universidad (estoy pensando en mis compañeras de clase) era algo que se daba por supuesto, y también dábamos por supuesto, en nuestras previsiones, que lo tendríamos todo, trabajo y vida personal. No esperábamos tener que pagar precio alguno, porque ninguna de nosotras puede serlo todo, realizarse en todos los frentes.

Por eso, cuando a los quince años mi abuela Gina — la bisabuela que vosotras no habéis conocido — me echó una bronca por haberme servido la pasta antes que a mi hermano, o sea, antes que al tío Giovanni, me iba a morir de la risa. En la lucha cotidiana por la conquista de la propia comodidad, en casa, darse codazos entre hermanos no era la prueba de una lucha de sexos, sino de una lucha por el espacio vital.

La idea de la abuela era que, en la mesa, las mujeres se debían sentar después de haber servido la comida a los hombres, aun cuando también ellas hubieran estado trabajando en el campo. Tenía debilidad por mí — llevo casi siempre sus pendientes y su Madonnina está en el centro de mi casa —, pero yo le parecía bastante *"marampta"*, que en el dialecto de Perugia significa "despreocupada". Digamos que yo no era una mujercita de su casa. Abuela, no lo creerás, pero he aprendido a planchar y a medir la fiebre poniendo la mano en la frente, con sólo dos décimas de error.

Ahora te escucharía de otra forma. Ahora, nosotras, las mujeres, ya no estamos obligadas a ser criadas, pero podemos elegir servir por amor y como respuesta libre a nuestra vocación.

Nosotras somos muy distintas de los hombres, ni siquiera somos iguales en oportunidades. No somos iguales para nada, y no reconocerlo es fuente de sufrimiento seguro, como cada vez que se niega la verdad.

Entre la abuela Gina y nosotras, y todavía más entre ella y vosotras, niñas, se consiguió la emancipación de las mujeres, se libraron las batallas feministas que fueron su motor y se llegó a la inserción, ahora prácticamente obligada, en el mundo del trabajo. Y nos olvidamos de que no se puede tener todo: trabajar como un hombre y estar en la casa como una mujer.

No es que reneguemos de todos estos cambios, por favor. Cuando nacieron, mis abuelas no podían votar, y en la televisión de los años sesenta un comentarista podía decir imperturbable: "Las mujeres son como el pulpo, mejores cuanto más se las golpea". Lo sé porque vuestro padre sólo me deja ver Rai Storia, qué aburrimiento, no ponen nada que pase de los años setenta, te esperas una comedia romántica y te tragas un especial sobre los suburbios de Roma en la posguerra. No obstante, así he aprendido que para elegir a una buena mujer hacía falta estar seguro de que fuera una mujer *"che piasa, che tasa e che la staga in casa"*.[b]

[b] Hemos mantenido el italiano original del refrán que cita la autora para conservar la musicalidad y poner de manifiesto que usa el dialecto véneto. En italiano normalizado se diría *"che piaccia, che taccia e che stia in casa"*, es decir, "que guste, que se calle y que se quede en casa".

Todo esto está ya tan lejos de vosotras, gracias a Dios, que ni siquiera hace falta que hablemos de ello. No es ya una amenaza para vuestra vida de mujeres adultas.

Pero la reacción contra esas injusticias ha ido mucho más allá.

El feminismo fue, a su modo, una primavera. Fue la explosión de una exigencia de sentirse amadas, comprendidas y valoradas. Sólo que tomó el camino equivocado, el de la afirmación de uno mismo. También nosotras acabamos entrando en la lógica del poder; en cambio, tendríamos que haber echado abajo esa lógica que rechazábamos. Con lo de nosotras me refiero a nuestras madres y hermanas mayores.

Al final, fue peor aún para nosotras. La emancipación — que surgió por una exigencia de justicia — llevó a una idea distorsionada de la paridad. La paridad no es igualdad. Es dar dignidades parejas a dos identidades que no podrían ser más diversas. Vosotras lo veis claro con vuestros hermanos, ¿no es así? ¿En qué os parecéis, aparte de en el desorden, el gusto por las grasas hidrogenadas y los colorantes, y cierto talento para llenar de manchas indelebles cualquier ropa u otro tejido con el que os pongáis en contacto, como cortinas, manteles y cojines, mejor cuando no tienen forro protector?

El Génesis — el comienzo del "libro gordo de Jesús" como decís vosotras —, cuando cuenta la creación del hombre a imagen de Dios sólo dice "macho y hembra los creó". No dice una criatura inteligente, libre y dotada de alma. Ninguna de esas cualidades fundamentales es la primera de la lista a la hora de describir los orígenes. Macho y hembra.

Ahí está, ante todo, nuestra identidad.

La de la mujer, su genio particular, es la acogida. El feminismo ha negado tal cosa, y nos ha jorobado. Porque cuando se traiciona la propia naturaleza se pierde el juicio, y conozco a muchas mujeres que viven así (a algunas también las conocéis vosotras, aunque sois demasiado pequeñitas para daros cuenta). Están tristes, furiosas, amargadas, resentidas, celosas. Están divididas en su interior.

Queriendo afirmarse se deforman, porque nosotras estamos hechas para acoger. Lo dice también nuestra misma conformación física, y el hecho de tener la capacidad de hacer sitio a otra persona en nuestras entrañas.

Muchas mujeres luchan con los maridos, con los compañeros, y llegan a ser insoportables. Sólo porque no han comprendido el secreto de la acogida, ni tampoco el de la sumisión, ni el de la obediencia como acto de generosidad.

"Bernardo, según tú, ¿qué cosas tenemos en común nosotras, las mujeres, con vosotros, los varones?", le pregunto a vuestro hermano que, como sabéis, desde lo alto de sus ocho años nos ilumina a todos con su sabiduría filosófica. "Que todos somos seres vivos", responde, tras haber reflexionado y masticado concienzudamente varias croquetas de pollo. "Pero, Berni, un árbol también es un ser vivo. ¡Tendremos algo más en común!". "No se me ocurre nada", corta secamente, probablemente no muy bien dispuesto hacia el otro sexo, por un exceso de presencia y de ruido en casa y en la escuela, rodeado como está de madre, hermanas, maestras y compañeras enojosamente extrovertidas para él, joven oso en ciernes de poquísimas palabras.

Por tanto, somos distintas de los hombres, y creo que cuando os lleguéis a preguntar qué queréis ser deberíais tener eso en cuenta. Así se realizará vuestra vocación a la acogida que, de algún modo, quedará integrada en la vida que escojáis, y no rechazada ni sofocada. Por curiosidad, que sepáis que vuestras respuestas típicas ahora son "bailarina" y "médico de caballos". "Pero — además dices tú, Livia — también quiero ser la que busca los piojos", es decir, una mamá. Qué alivio, porque yo debería ser un modelo para vosotras. Paciencia si os parece que mi rasgo más característico es el arte de eliminar parásitos.

En fin, ¿qué puedo deciros? Espero que vuestra generación de mujeres sea una generación pacificada, que podáis realizar vuestra identidad más profunda eligiéndola conscientemente. Por eso, aunque sea un deseo pasado de moda, espero que, ante todo, seáis fuertes y, por tanto, acogedoras, abiertas a los demás, capaces de unir. En una palabra, buenas. Si podéis.

Con amor,

Mamá

Ya está, lo sabía, otra vez me ha pasado. Me ha vuelto a salir el tonillo de telepredicador. Me pasa de vez en cuando, y no es lo peor que me sale cuando alguien se pone a tiro, sobre todo si ha superado los nueve años. Pero no puedo hacer nada por evitarlo.

El hecho es que me veo rodeada de mujeres que sufren o, al menos, que están inquietas, en búsqueda, insatisfechas. Aunque aparentemente lo tengan todo.

De hecho, cuanto más tenemos, más trabajo nos cuesta — y aquí tengo que pasar a la primera persona del plural — tenerlo todo a la vez, renunciar al hipercontrol, al perfeccionismo.

En mis primeros años de mujer y madre, y por casualidad también de trabajadora, cuando se encendía mi teléfono móvil la pantalla me decía: vas con retraso. Así, de tanto recordármelo, ya apenas me hace efecto.

Creo que, para empezar, debemos dar un paso atrás en la vida personal. Se nos exige mucho, demasiado: la emancipación nos ha dejado agotadas, sobrecargadas. Trabajo, marido, hijos, casa, relaciones sociales y todo lo demás que cada una sabe. Sencillamente, no es posible hacerlo todo, y hacerlo además sonrientes y en buena forma, arregladas y elegantes.

¡Santo cielo!, sobre lo de arreglarse corramos un tupido velo. Por poner un ejemplo, en mi peluquería soy una paria, me presento dos veces al año con una pinta inadmisible, con la ropa que conservo planchada después de una semana de trabajo, y siempre tengo que irme con el pelo chorreando y, mientras, estoy allí inclinada y silenciosa para aprovechar ese precioso tiempo — ¿sentada?, ¿sin hacer nada más?, ¿en qué otro momento voy a tener la oportunidad? — leyendo uno de los sesenta o setenta libros atrasados apilados sobre ese estante que me mira con desaprobación cada vez que paso a su lado. No hablemos de la desaprobación del peluquero por mi pelo abandonado hasta el extremo.

En cierto momento, hay que dar un paso atrás, y aceptar con serenidad que vas con retraso o, con más precisión, que no eres perfecta.

No me viene a la cabeza ninguna mujer que yo conozca que no se queje de no tener bastante tiempo, que no se encuentre agobiada.

A ese respecto, podría ser útil aprender a hacer las cosas con rapidez, y la que lo consiga que me diga luego cómo se hace, porque yo tiendo a tomarme cada cuestión como decisiva y no negociable, cada jornada como una final del Campeonato de Europa, cada conflicto como un desastre.

Cada vez me doy más cuenta, casi con estupor, de que, a pesar de todo, al final se sobrevive, casi siempre. He aprendido con sincera sorpresa que ninguno de mis hijos se muere porque pille un puñado de microbios; porque mientras tú acabas, arrodillada, de darle el último fregado al suelo, ellos se te acerquen gateando con un zapato enfangado en la boca (y esperemos que sea fango); sobreviven igualmente aunque se hayan comido una porquería que alguien les haya comprado, o si les enciendes la televisión para que vean algo irresistible para ellos y acabas cayendo rendida en el sofá junto con ellos cuando el sueño es realmente excesivo; sobreviven también si, cosa increíble, durante un año entero no eres representante de padres, y te pierdes una reunión en el colegio referente a la oferta formativa de la escuela, y eso que cuando yo voy leo otra cosa por debajo del pupitre porque para entender el dialecto "escuelés" me hace falta un intérprete.

Con seguridad, hace falta aprender a reducir las propias expectativas y, si uno está casado, a fiarse de la persona que tiene al lado, de su forma de hacer las cosas (aun cuando, que quede claro, mi forma de quemar las empanadas no la acepta nadie en nuestra casa), a delegar, a renunciar al control total, a optar por hacer menos de todo.

La mujer no funciona cuando pone su seguridad fuera de sí misma: en el éxito de lo que hace, en los hombres, en el trabajo o en la belleza, y no en el Único que le puede dar esa seguridad.

La mujer está perdida cuando se olvida de quién es. La mujer es, principalmente, esposa y madre. Tiene que ofrecer espacio y protección. No sólo en los estrechos límites de la familia: somos capaces de hacernos compañeras y madres de todas las personas que entran en nuestro horizonte (si alguna de mis sabias y acogedoras amigas me quiere adoptar, aquí estoy: no soy orgullosa, no me ofendo y me vale con una adopción a distancia, con la consigna de que las comidas las podéis traer a casa; somos seis, pero los platos os los devuelvo lavados).

Como dice Edith Stein, el alma de la mujer ha de ser extensa, o sea, abierta a todos; cálida y luminosa para ayudar a crecer también a las florecillas que tienen dificultades; llena de paz, porque cuando llega el temporal las yemas que brotan puede que no prosperen; reservada, porque hay momentos en que las intrusiones de fuera son tan peligrosas como una tromba de aire; vacía de sí misma para dejar sitio, porque se necesita terreno fértil para que algo crezca; dueña de sí, porque debe estar preparada para servir; y no esclava de sí misma ni temerosa de sus estados anímicos como de una tormenta de granizo que se pudiera desencadenar en cualquier momento.

Nuestra alma es extensa, ciertamente, porque nos interesan los asuntos de quienes están a nuestro alrededor. No siempre con la más noble de las intenciones. Basta decirle a una amiga que debe callarse para que rápidamente telefonee: "Era sólo para decirte que me he enterado de una cosa, pero es algo reservado", y está claro que la amiga tampoco se callará. No por hacer daño, no; sino por su propio bien, faltaría más.

No era ésta exactamente la idea que tenía de la grandeza de ánimo Edith Stein, que antes de llegar a ser santa y patrona de Europa con el nombre de Teresa Benedicta de la Cruz era una cultísima filósofa discípula de Husserl, y que ha escrito sobre la mujer páginas fundamentales.

Nuestra dotación básica no es habitualmente un alma silenciosa y reservada, al menos, la mía no, digamos la verdad, aunque sería el sueño de mi marido, que nunca me encuentra tan irresistible como cuando tengo cuarenta de fiebre y decido meterme en la cama bien calladita y con hielo en la cabeza. No obstante, es verdad que debemos aprender el silencio: sin silencio no se escuchan las voces más débiles.

Sólo así, trabajando primero ese silencio, podremos hacer que nuestra alma se vacíe de nosotras mismas y se recoja, para dejar sitio a los demás, para proporcionarles un modo de hacerse escuchar.

Es cierto que somos cálidas, a veces demasiado, con una calidez no siempre equilibrada, por lo menos yo. En este sentido, los hombres tienen más lucidez que nosotras, y deberíamos aprender de ellos.

Pero si nosotras no mantenemos vivo el trabajo de acoger a los demás, nadie lo puede hacer en nuestro lugar con aquellos que nos han sido confiados. Como dice Billy Joel, un "filósofo" menos profundo que la Stein pero de textos más pegadizos, la mujer puede sacar del hombre lo mejor y lo peor que lleva dentro (¿quién de nosotras no se ha enorgullecido al menos una vez al escuchar *Always a woman?*).[c] El mundo está en nuestras manos, por tanto, está en un mal lugar, porque nosotras nos hemos extraviado. Es algo muy evidente que, a nivel de relaciones humanas, de crecimiento personal, de la educación, somos nosotras las que tenemos que sostener el frente, que hacer la mayor parte del trabajo.

Por eso, si nosotras traicionamos nuestra naturaleza, se acaban las relaciones.

Las mujeres que han llegado al extremo de la traición, a menudo víctimas de acontecimientos en los que se han extraviado, y han llegado a abortar, se echan una gran carga a la espalda. Son mujeres heridas y necesitadas de ternura, porque admitir que una se ha equivocado tanto en la vida es muy doloroso.

Junto con ellas, todas nosotras debemos aprender el don de la acogida, un don con el que se transforman los demás y, antes que nadie, el hombre que tenemos al lado. La mujer "realizada" ama ante todo. Escucha, consuela, anima, perdona, une y les

[c] Billy Joel (1949) es un famoso cantante y pianista americano. *Always a woman* ("Siempre una mujer") es una de las canciones del álbum *The Stranger*, de 1977. El estribillo repite una y otra vez "ella es siempre una mujer para mí".

hace sitio a los demás. Pone la ternura en su familia. Construye al padre con su sumisión, porque lo pone por encima de ella, le confiere autoridad. Se fía porque sabe quién es, y no tiene miedo a perderse dejando que gane otro, mejor dicho, que gane el otro.

Marco,
o
Break on through to the other side[*]

Querido Marco:

Eres la prueba viviente de que el teorema de la película *Harry y Sally* — los hombres y las mujeres no pueden ser amigos, porque tarde o temprano el sexo se entromete — es falso. Falla raramente, eso es cierto. Pero tú eres un amigo de verdad, de ese tipo cálido y confortable que no puedes dejar de echar en falta, como aquel compañero gordo del instituto al que le confiábamos terribles penas de amor (con lo cual me declaro oficialmente ofendida por el hecho de que jamás hayas alimentado — ¿ni siquiera una vez? — pensamientos impúdicos hacia mí).

Tú, a cambio de afecto sincero y confianza, provees la preciosa mercancía del punto de vista masculino sobre las cosas, un eco de otro planeta, huellas de vida en una lejana galaxia.

A ti se te pueden pedir opiniones masculinas sobre los muslos de una misma, sobre el pelo o sobre el tamaño de una falda, temas que no le interesan en absoluto a tus semejantes, a no ser que se encuentren en el momento exacto de disfrutar de los objetos en cuestión.

[*] En inglés en el original: es el título de una de las primeras canciones del grupo *The Doors*, famosa por formar parte de la banda sonora de la película *Forrest Gump*. Se podría traducir al español por "Pasa al otro lado".

Aún más, puedes sostener una conversación, con abnegación heroica, acerca del tono que otro ha empleado al responderme. Mártir de la amistad, me has escuchado durante horas enteras durante mis crisis de celos. Examinas conmigo problemas inexistentes, ante los cuales tus semejantes se limitarían a intercambiar una viril palmadita en la espalda.

Prefieres, incluso, hablar conmigo o con otra integrante de tu nutrida tropa de amigas, en lugar de emitir sonidos inarticulados junto con tus semejantes ante un partido cualquiera de un deporte cualquiera, en el que un objeto esférico se agita en todas las direcciones del espacio.

Además, y ésta es una razón que aduciré para abogar por tu canonización, no te enfadas prácticamente nunca.

Por todo eso, y porque te quiero de verdad (¿hace mucho que no te lo digo?), te lo pregunto por enésima vez: ¿por qué no os casáis Chiara y tú?

Probablemente, porque convivís desde tiempo inmemorial y, no siendo creyentes, no tenéis motivos para pedir la bendición de Dios, que según vosotros no existe, ni para hacer oficial vuestra convivencia ante el estado, que no os interesa.

Además, más allá de toda polémica de mala fe sobre las parejas de hecho, sabéis muy bien que a los no casados se les favorece mucho y en muchos sentidos. Por ejemplo, por razones realmente impenetrables para una mente normal, si hay hijos, al no sumar los ingresos de los dos, una pareja que convive tiene muchas más posibilidades de recibir ayudas familiares — nótese el extraño nombre — que un matrimonio. Son argumentos difíciles de rebatir, por lo cual, como se hace cada vez que se pierde terreno, paso directamente al insulto. Eres un cobarde, un crío, un invertebrado.

Ya es hora de que te cases con Chiara y de que renuncies a tener abiertas todas las puertas, de que dejes de mirar alrededor con actitud ambigua, de proyectar irte a París a abrir una crepería o un bar *sushi* en Manhattan. Qué pedazo de ideas, ¿y por qué no un chiringuito de salchichas en Múnich?

Todo eso son fantasías, no tienen nada que ver con la vida, sino sólo con el halo de emoción que la circunda. ¿Has hecho alguna vez algo concreto en esa dirección? ¿Has pedido ya algún permiso? ¿Tienes alguna experiencia en esos quehaceres? Sigues diciendo que no te vas a morir dependiendo de tu empresa, pero mientras tanto no mueves un solo dedo para cambiar las cosas, salvo el que te sirve para abrir el sobre del sueldo a final de mes.

A causa de una idea cinematográfica de la aventura y del negocio, puede que hayas visto demasiadas películas de Salvatores y compañía,[a] de algún modo te has convencido de que irte a un país lejano para hacer algo nuevo abriría para ti horizontes de conquista. Creo que, más que cualquier vida novedosa, no hay horizonte más aventurero que levantarse cada día como Dios manda.

Además, perdona que te lo diga a ti, un viejo rockero que vive la música, pero ya pasó la época de tus queridos Doors. *Break on through to the other side* pudo tener su sentido en la América de los años sesenta, pero ahora no. Ahora, tengo la obligación de recordártelo, el verdadero *other side* es ser leal, cuidar de alguien para siempre, de tus hijos, por ejemplo; la verdadera aventura es gastar la vida en algo serio, no estar buscando siempre la utilidad. Me tienes que explicar qué hay de heroico y de audaz en hacer solamente lo que te apetece. En eso todos somos buenos. La verdadera transgresión es ser leal, y ciertamente no el evadirse.

[a] Se trata de Gabriele Salvatores (1950), un notable director y guionista cinematográfico italiano. En 1991 ganó el "Oscar" a la mejor película extranjera con una cinta titulada *Mediterraneo*. Ha ganado tres "David di Donatello", el premio más importante en el ámbito del cine italiano.

Además, una cosa es gritar que vas a romper con todo hasta llegar al otro lado antes de que el día destruya la noche cuando eres Jim Morrison en las playas de Venecia en el '67 y otra cosa — porque el sentido del ridículo es un don que pocos reciben — es cantar las alabanzas de la vida temeraria cuando eres el señor Rossi de Zocca.[b] Por no decir cuando eres Marco queriendo darte una vuelta por la parte salvaje de Ostia Lido.[c]

Si tienes que romper con todo no seas miserable. Hazlo a lo grande, con estilo, con clase. Coge todo lo que tienes, véndelo todo y lárgate sin volverte a mirar atrás; arriesga algo.

Tú, en cambio, mientras te arrullas con la idea de la fuga — ésa sí que es una modalidad de pensamiento profundamente masculina — te lamentas solo y no miras lo que tienes. Tienes una mujer inteligente (y deja de una vez de olfatear a las demás, porque si Chiara te deja, eres hombre muerto) y un trabajo interesante, aunque siempre estés quejándote de la asquerosa rutina. Es verdad, eres capaz y podrías hacer algo más de lo que normalmente haces, pero dime qué trabajo no incluye una parte poco creativa y gratificante — y da gracias por no ser, qué sé yo, reponedor en un supermercado o trabajador de una central de llamadas telefónicas a pesar de tener un grado. Quizás también, a veces, a los grandes artistas se les pasa por la cabeza copiar, no siempre se puede escribir la *Novena* de Beethoven.

---

[b] James Douglas Morrison (1943-1971) era el vocalista de los Doors y lo de romper es otra referencia a la canción que da título a este capítulo. La referencia al señor Rossi da Zocca, parece aludir claramente a Vasco Rossi (1952), natural del pueblecito de Zocca, cerca de Módena, un roquero izquierdista, fundador de Punto Radio, empresario enriquecido, vendedor de una línea de ropa y complementos propios y portavoz de todas las causas políticamente correctas.

[c] El término italiano *lido* también significa "playa". Ostia Lido o bien Lido di Ostia, e incluso Lido di Roma, fue construida durante la época fascista como el lugar de vacaciones de los romanos, alrededor de las ruinas de Ostia Antica, el puerto de Roma. Es un lugar típico de diversión, compras y, desde luego, poco "salvaje".

Admito que para ti y para Chiara pueda resultar difícil estar casados, aun cuando llevéis años conviviendo (o quizás precisamente por eso), porque el clima cambia. La puerta de casa se cierra y, aunque siempre puede uno escapar, se entra en el orden de ideas de lo definitivo, de lo inapelable. Sólo tengo una vida y la pongo en manos de esta persona. Me rindo. Si se piensa bien, es para sentir escalofríos.

Te comprendo, soy la última del grupo de coetáneos que ha conseguido que la contraten (sin encontrar demasiada resistencia por parte de los directores, la verdad), y soy la única de los antiguos interinos que, al conseguirlo, no lo ha festejado. Ni siquiera unos dulces en la redacción. Un contrato indefinido, qué miedo.

Pero la vida personal es otra cosa. Nada puede sustituir a la fecundidad de una lealtad definitiva.

Afrontarás sin red las diferencias que hay entre Chiara y tú. Porque las hay, por mucho que vosotros, pareja posfeminista apóstol de la no diferencia, os obstinéis en negarlas.

Pero, ¡qué igualdad! Yo, que tengo dos hijos varones y dos hijas, te aseguro que hay diferencias desde el primer llanto.

Recuerdo muy bien cuando mi hija Livia, la niña más obediente que pueda existir, cogió una crisis histérica imparable tras el encuentro repentino con el objeto de sus deseos. Estábamos en Loreto, adonde habíamos ido a saldar una cuenta con la Virgen. Tenía un año, no hablaba y no andaba bien. Desde su carrito empezó a gritar loca de alegría para que la acercáramos al escaparate de sus sueños: estaba lleno de muñecas de trapo.

Después de un año de juguetes de tercera y cuarta mano, dragones y monstruos peludos, figuras geométricas de plástico y juegos de construcción, que yo pensaba que darían el mismo resultado que con sus hermanos varones, resulta que por fin podía elegir algo verdaderamente suyo. Una muñeca para acariciarla, cuidarla y darle el biberón. Obviamente, fue imposible resistir, y así Livia consiguió la primera de una larga serie de personitas a las que alimentar con tazas de tierra y hojas del jardín.

Cuéntaselo a las feministas que niegan la existencia del instinto materno.

Su hermana, en cambio, prefiere a pobres y desafortunadas princesas en busca de marido, y recibe a los numerosos visitantes masculinos que llegan a casa, atrevidos jovencitos de entre siete y once años, permanentemente vestida de novia. Nunca se sabe. Un vestido sucio y andrajoso que sólo puedo lavar a escondidas, con la esperanza de que el príncipe azul no se presente justo cuando lo estoy enjuagando.

Son distintos en todo: los varones vienen a la iglesia resoplando, las hermanas me siguen contentas, aunque, como verdaderas féminas, me regañan si no me arreglo lo bastante: "¡Mamá, no se puede ir a ver a Jesús sin maquillar!"

No es que yo sea una desgraciada, una mujer "no liberada" que administra estereotipos con la leche materna: con todos he comenzado de la misma forma, me he pasado tardes enteras maniobrando inútilmente con letras de cartón que supuestamente introducirían a estos tesoros de hijitos en el maravilloso mundo de la lectura. Sólo que, antes de que yo me diera cuenta, la habitación de las niñas se había convertido en una exultación de raso rosa y sobrios adornos de abalorios y lentejuelas, y la de los niños en un arsenal.

Mientras que yo, madre inexperta, leía manuales cuyo único objetivo era convencerme de que la culpa era mía si mi hijo no solfeaba a Mozart o no escribía alguna obra maestra sentado en su escupidera, mis hijos encontraron algún modo de desarrollar sin trabas la naturaleza con que los ha dotado el Creador.

Tienes ganas de leerles la Biblia y los relatos cortos de Tolstoi: los mayores, si es que se les puede llamar así, son dos buenos lectores, no me puedo quejar, pero ninguna página impresa puede resistir la comparación con la Playstation, cuya fascinación se incrementa con el uso, pero aún menos con la escopeta de aire comprimido. Aunque las realmente irresistibles son las escopetas de verdad del abuelo, que ya hace tiempo, tras su primera jornada de caza, me devolvió al Tommaso más feliz que yo haya visto jamás.

Y las diferencias que empiezan a verse durante la infancia, según mi experiencia, no tienden a atenuarse más tarde. Un varón adulto tiene mirada de cazador, cosa que podría revelarse muy útil si apareciera una perdiz en el pasillo, pero que le impedirá del modo más absoluto encontrar la mantequilla en el frigorífico. No hablemos de cómo se oculta a los ojos del predador el papelito con el mensaje "comprar yogures" dejado en el centro de una mesa vacía (probablemente porque, en casa, no todos consideran que el yogur sea un artículo de primera necesidad).

En cambio, los ojos de la mujer, incapacitados para leer planos topográficos, le permitirán distinguir una alianza en el dedo de un guitarrista a muchos metros del escenario. Porque, para nosotras, entre las informaciones de primera necesidad se encuentra saber si un hombre está comprometido o no.

Cuando hay algún problema, tú quieres encerrarte en tu cueva y que te dejen en paz, y si Chiara te invita a hablar del asunto te da un ataque de urticaria. Ella, por su parte, quiere compartir contigo sus preocupaciones, examinarlas, analizarlas, liberarse de cargas que probablemente olvida una vez acabada la conversación, mientras que tú continúas dándole vueltas buscando una solución para ella, porque "yo Tarzán, tú Jane", y por eso sientes la necesidad de resolver problemas y de proveer. De llevar a casa las presas y de proteger el nido.

Chiara quiere controlar y programar, tú quisieras que las cosas simplemente ocurran, aunque mi modesta experiencia me dice que nunca ocurre que la seguridad social de la limpiadora o los recibos de la escuela de fútbol vayan solos, espontáneamente, al banco a pagarse. Es obvio que estoy con Chiara, que es mi semejante: algunas cosas no se pueden regular ni con una agenda inteligente.

Tu sentido práctico es de subnormal; cada vez que te veo llenando tu mochila de treceañero me pregunto por qué la maestra es tan cruel y no te ayuda; por qué nadie te pone la merienda en la bolsita.

La valentía y resignación con la que has emprendido la aventura del año — comprarte unas gafas nuevas — te ha permitido afrontar el asunto con abnegación masculina y desprecio al peligro: nada menos que visitar al oculista — ¡con una cita que había que respetar! — y después ir al óptico.

En cambio, sobre los hombros de Chiara está toda la gestión práctica de vuestra casa y, a pesar de ello — o quizás precisamente porque tu mente está libre de preocupaciones —, te sientes con derecho a pavonearte con tu encantadora colega, a ofrecerle generosamente tu hombro para un desahogo periódico, y si te ves interrogado puedes responder con una imperturbable cara de bronce, a estilo Fred Buscaglione, "y después, adivina, como siempre hemos hablado de ti".[d]

Porque vosotros, los machos, tenéis que sentiros libres, y Chiara, que es una mujer sabia, lo sabe y finge no darse cuenta de tus fantasías.

Y esa misma raíz de inquietud barata, de incapacidad para tener los pies en tierra — que es, por otra parte, el signo de la inmadurez — es la que te hace soñar, cada vez que ves un documental, que te vas a ir de cuando en cuando a hacerte pastor en Nueva Zelanda o pescador en Reykiavik.

[d] Ferdinando Buscaglione (1921-1960) fue un cantante y actor de cine famoso en la Italia de los años cincuenta. Sus papeles habituales eran de gángster amante del alcohol y las mujeres. Tenía fama de parecerse mucho a sus personajes en la vida real.

Pero, ¿adónde vas a ir, sin competencia alguna, sin preparación, como no sea para tu propio trabajo? Un trabajo que harías bien en aprender a amar y en aferrarte a él. Ésos son los (no)problemas de una generación o, mejor dicho, de una parte privilegiada de nuestra generación, que jamás se ha enfrentado al problema de la subsistencia. Y ya está bien, es una suerte tener de qué vivir, no es que yo quiera exaltar la época en que se abandonaba la escuela a los seis años para que lo mandaran a uno a guardar ganado. Pero, al menos, valora lo que tienes.

Y valora a tu Chiara. ¿Qué otra mujer podría soportar tus lloriqueos, llevar sobre sus hombros tu buen humor y tu serenidad? Porque cuando las cosas se tuercen, para vosotros, los hombres, se tuercen, mientras que, para nosotras (sobre todo si somos madres) el mal humor es un lujo: no nos lo podemos permitir. Para una madre no hay previstos días de aburrimiento ni vacaciones ni pausas para evadirse.

La lista de las diferencias podría alargarse mucho más, pero lo que quiero decirte es que quizás precisamente vuestra opción por la pareja paritaria, al menos como declaración de intenciones, al estilo de una especie de "feministas reciclados", os ha llevado a no madurar. A no tomar ninguna decisión nítida y definitiva. Si sois iguales, ¿qué os dais el uno al otro, además de la recíproca satisfacción de algunas necesidades accesorias que no os hacen imprescindibles el uno para el otro?

No queréis engendraros a vosotros mismos uniendo lo que os falta a cada uno, esa semilla de salvación que está en igual medida en el hombre y en la mujer pero de formas muy diversas, y ni siquiera tenéis el deseo de tener hijos. Entre las dos cosas hay una profunda relación.

Mira que yo no te voy a prestar a ninguno de los míos para que te cambie el pañal de viejo. Ya es hora de que penséis en vosotros, ¡dentro de poco será demasiado tarde!

Casaos y tened hijos, porque si no, no tiene sentido estar juntos toda la vida. Si no, es mejor que lo dejéis y os divirtáis. Cambia de mujer cada noche. Nuevas idiosincrasias, nuevas neurosis, nuevos estilos de pelea. No se puede estar juntos durante quince años y no producir nada.

¿Cómo mides tú un año de tu vida? ¿Por amaneceres, por puestas de sol, por risotadas, por tazas de café, como cantaban los bohemios de Broadway en los años ochenta? ¿Cómo sabes tú que ha pasado un año? Eso se mide en gestos de amor, en veces que has sabido negar tus deseos para darte a otra persona, en vida que has sabido transmitir a alguien — no necesariamente a un hijo — más pequeño, más débil, más pobre.

No basta con ser el amigo del alma de muchas personas, y particularmente de una maravillosa y francamente excepcional como yo. Mereces ser enteramente para alguien, porque sabrías serlo de un modo realmente especial. Porque, digamos la verdad, has recibido muchos dones, muchos talentos, cosa que, sin embargo, he considerado irrelevante subrayar. Y es que, de vez en cuando, despierta en mí el modo "mamá de época" y, como una madre de otros tiempos, retomo como parte fundamental y principal de mi misión hacer una lista de todo lo que se puede mejorar. Piensa en mis hijos, pobrecitos, que no se pueden librar de mí. Tú, en cambio, tómatelo como signo de afecto: es decir, que te quiero.

Tu amiga de la otra raza.

C.

Cada vez que veo a un padre tembloroso dialogando con un niño arrogante de cuatro años que pretende categóricamente jugar a algo demasiado peligroso para su edad, al pequeñín que acaba emberrinchado y a él, el presunto cabeza de familia, que acaba transigiendo, y obteniendo del niño, de rodillas y trabajosamente, la promesa de bajarse del columpio a cambio de dar otras siete vueltas en el elefantito rosa, me pregunto para qué se hicieron los padres.

Me lo pregunto cuando veo a hombres adultos maltratados por niños, tratados a patadas alguna vez, con más frecuencia con malas palabras, y sin que el niño reciba a cambio ni siquiera una colleja. Me lo pregunto cuando veo a muchachitos que desoyen a conciencia las llamadas de sus padres, unos padres que gritando "¡Matteooo!" por vigésima vez intentan hacer salir de la piscina a una especie de pequeña bestia ingobernable, y cuando por fin el adorable Matteo se decide a obedecer ni siquiera le tiran el videojuego a la alcantarilla más cercana, así, como suena, sólo para recordarle, con calma, quién manda. Me lo pregunto cuando leo el estupor en los rostros de mis vecinos de sombrilla al ver a niños normales que obedecen, no de buena gana y no siempre sonriendo, pero al fin y al cabo respondiendo a estímulos externos.

Me pregunto quién les hablará a los hijos alguna vez de valentía y de honor, ciertamente no ese padre tembloroso. Quién leerá con ellos *Corazón* o *Los muchachos de la calle Pal*, y quién les hablará de Nemechek que muere por no traicionar su deber.[e]

No sé cómo saldrán mis hijos, probablemente más o menos como la mayoría. Hace tiempo decidí que no pretendo tener

[e] Por supuesto, *Corazón* es la novela del escritor italiano Edmundo de Amicis (1846-1908), aparecida en 1866, redactada como el diario de un niño de Turín, entre cuyas reflexiones se intercalan algunas narraciones emotivas. Entre ellas está la célebre *De los Apeninos a los Andes*, la historia de Marco, el niño que busca incansablemente a su madre. *Los muchachos de la calle Pál* (una calle real de Budapest), publicada en 1906, es la novela más famosa del judío húngaro Ferenc Molnár (1878-1952). Narra las batallas entre dos pandillas de niños en las calles de la Budapest de comienzos del siglo XX. Se convirtió rápidamente en un clásico de la literatura juvenil y ha sido llevada al cine en varias ocasiones. Nemechek es uno de sus protagonistas principales.

fenómenos en casa, muchachos geniales o especiales, porque la meta de esta vida es la vida eterna y no el Nobel, o menos aún el éxito. Puede que abran una ferretería, y que les vaya muy bien (basta que no se llame "Algo más que tornillos", sería triste, o "La boutique de la tuerca", sería pretencioso). Pero, entretanto, si yo o, mucho mejor, su padre decimos "Nos vamos", nos vamos sin que el correspondiente debate se prolongue durante horas.

¿Cómo lo hacéis?, me han preguntado alguna vez. No lo sé, porque el padre dice "Cuento hasta tres", pero el caso es que a tres nunca ha llegado, y no sé tampoco qué sucedería si llegara. Sencillamente, nuestros hijos saben que nosotros tenemos pocas ideas, pero claras; no consultamos con ellos cada decisión, y nos hemos ganado cierta credibilidad con algunos castigos simbólicos y, mucho más, con muchísimo tiempo gastado en estar con ellos.

Porque hacerse obedecer desde la hamaca bajo la sombrilla, en decúbito supino, es imposible de conseguir; uno no se hace escuchar sin buena voluntad y dedicación, a menos que use la violencia, pero eso no vale para nada.

Uno de los principios fundamentales de la vida — eres lo que haces — con los hijos se puede comprobar con bastante facilidad, porque ellos ponen en práctica lo que ven hacer, no lo que oyen decir. Oyen con los ojos. Yo, por ejemplo, me permito exponerles a los niños una teoría exhaustiva sobre la importancia de comer solamente a la hora de las comidas, sólo que, en general, desgraciadamente lo hago con la boca llena de queso; yo picoteo mientras cocino, a la vez que les niego a ellos un aperitivo. Y, mira por donde, no me explico por qué, esto de las comidas es objeto de transacciones continuas.

Por el mismo motivo, es inútil extenderles a los hijos certificados oficiales de excelencia para criticarlos después a cada paso que dan; y es difícil que funcione decirle gritos a un niño "¡No chilles!". Ni se le puede enseñar que no pegue a los otros niños a base de cogotazos.

La autoridad procede del reconocimiento de la autoridad moral, y yo, a ese respecto, tengo cierto carisma. Cada vez que largo una proclama en casa, del tipo "En tres minutos todos en la puerta con los zapatos y las chaquetas puestos", cuando expira el amenazante ultimátum hay gente arrellanada en el sofá mordisqueando algo de comer, peinando a la Barbie, escuchando música o intentando acabar una exploración digital de la propia nariz. En esos momentos es cuando me vuelvo a prometer que me presentaré a las próximas elecciones presidenciales, yo, que sé manipular así a las multitudes. Por suerte, con el padre es diferente. Si él habla, lo escuchan.

El caso es que creo que son sobre todo los padres los que deben retomar su propio papel, con empeño y ganas de hacerlo. Y, en este caso, por una vez, la responsabilidad no es en primer lugar de las mujeres, sino de sus compañeros.

Los padres de hoy deben remangarse hasta los codos y volver a encarnar la ley.

Un padre puede ser un magnífico caballo para un aspirante a Zorro, batirse en duelo con una espada láser, dejarse peinar por peluqueras en ciernes y, después, matar arañas, cazar fantasmas y preparar meriendas maravillosas a base de triglicéridos. Pero, lo que debe hacer fundamentalmente — en vez de ponerse a lloriquear por no poder amamantar, que se lo he oído a más de uno — es guiar, indicar un camino, dar una orientación general y ayudar a ponerla en práctica cada día, establecer límites y dar seguridad.

Puede intentar compartir objetivos y decisiones, sobre todo cuando los hijos crecen, pero eso si sabe también imponerse cuando llega el caso. Porque, a la pregunta "¿Qué dices, Andreuccio, hacemos los problemas?", no existe niño alguno en el mundo que responda "Sí, encantado"; ni tampoco lo hará cuando se le pregunte "¿Qué te parece, volvemos a casa?", mientras se desgañita con los amigos jugando al pilla-pilla, o "Andreuccio, ¿crees que ya es hora de irse a dormir?", cuando está realizando una actividad cualquiera, incluso limpiar las juntas de las baldosas del cuarto de baño, porque a la hora de irse a descansar, para un niño, todo es mejor que la cama.

Sin embargo, cada vez oigo con más frecuencia a padres y madres que siempre piden opinión a sus hijos en asuntos sobre los que son ellos los que deberían dar las indicaciones pertinentes.

Ese proceder se basa en una idea, propuesta por los ilustrados, dominante en la actualidad y que se ha convertido en idea de masas: la bondad sustancial y total del hombre. Si crees que esa personita que tienes frente a ti, colocado en la situación adecuada, sabrá encontrar dentro de sí mismo los motivos y la fuerza para elegir siempre lo bueno, ¿para qué sirve la autoridad? La humanidad se autorregularía.

En cuanto a lo de la autorregulación, probemos a ofrecer en una fiesta de niños de seis años un plato de verduras y otro de caramelos de pura goma y colorante; probemos a decirles delante de un cesto lleno de juguetes: "Poneos en fila y coged uno cada uno, teniendo también en cuenta a los que vienen detrás de vosotros"; probemos a decirles "Apaga la Playstation cuando creas que es bueno que te dediques un poco a la lectura de esta bella paráfrasis de la *Eneida*".

El que ha elaborado esta teoría no ha visto nunca a un niño sacarle los ojos al amiguito para apoderarse de su cochecito, que ha de ser conquistado forzosamente porque es más grande y más brillante. No ha visto nunca a agradables niñas rubitas destripar a mordiscos un gatito de peluche. No ha visto nunca a niños a los que les llueven los regalos ensombrecerse sólo porque su hermano ha recibido también un regalo "chulísimo".

Y tampoco ha mirado nunca con honradez intelectual a los adultos, que, desde la mañana a la noche, si las cosas van bien, combaten contra su propia inclinación al mal para intentar ser, al menos ese día, personas decentes, poniéndose a veces máscaras que cubren más o menos la gusanera interior.

Eso si las cosas van bien, porque, si no, el susodicho adulto emplea todas sus energías para obtener, desde la mañana a la noche, la máxima ventaja con el mínimo esfuerzo, empezando con un adelantamiento por la derecha y continuando con el trabajo mal hecho o truculentamente endosado a un colega (así le queda más tiempo para cotillear del que ha faltado ese día). Y da vía libre a toda una serie de malas acciones que ni siquiera son demasiado imaginativas — el mal es banal —, pero que se llevan a cabo con tenacidad y perseverancia, para saciar la sed que todos tenemos de poder, de privilegios y de comodidad (que, al final, si se piensa, no es más que deseo de amor y de aprobación). Porque en cada uno de nosotros hay una semilla de mal que nosotros, los católicos, llamamos pecado original, al que nos enfrentamos intentando aprender, durante toda la vida, a desobedecerla de manera creativa, semilla sin la cual no se puede explicar la mentalidad del mundo.

Esta lucha por la conquista de la libertad y la felicidad verdaderas constituye el sentido de nuestra vida, y debemos seguir aprendiendo a ejercitarla hasta nuestro último día, e intentar enseñar a hacerlo a nuestros hijos desde el primero. No solamente por el premio futuro, sino porque así podremos vivir felices ya desde hoy mismo. Y nosotros, los creyentes, pensamos que sin Dios, un Padre bueno que siempre está por nosotros, no se puede vencer en esa lucha.

Todas estas certezas no las sabemos enseñar porque ni siquiera nosotros las tenemos. Ahora la duda se lleva más. Parece más inteligente decir que no se tienen certezas.

A decir verdad, a mí, los hombres que tienen opiniones pétreas y las transmiten de forma tajante y valiente, me gustan muchísimo. No sé, quizás en eso no soy normal, porque veo pocos de ese tipo a mi alrededor, al parecer no hay mucha demanda de dicho artículo. Pero, por lo que respecta a los padres, estoy segura de que no me equivoco. No pueden circular con una pegatina que diga "No me sigáis, yo también estoy perdido" pegada en la espalda. Debería estar prohibido por ley y, si no tienen certezas, las deben encontrar urgentemente desde el mismo momento en que su sucesor sale de la sala de partos.

El problema es que el hombre no sólo está perdido como padre, sino también como hombre.

Será como fruto de otras transformaciones, económico-socio-político-psico-algo, llamadas así por alguien a quien yo no sé responder, pero a mí me parece que hay demasiados hombres en busca de identidad. "¿Sabes cuál es la última tendencia para hombre este verano?", me pregunta mi hermana. Me llama por teléfono desde un sitio de vacaciones mucho más de moda que el mío, que es frecuentado sobre todo por familias modestas de zonas interiores. Llegan a la playa (llegamos, es inútil que me haga la snob) con seis vagones de cestas y bolsas térmicas llenas de comida como para alimentar a todo un club de bolos en gira de exhibición.

No, no sé cuál es la tendencia; en pleno atracón de sandía en la fiesta del día 15 de agosto no se nos ha ocurrido preguntárnoslo. Ahora vendrá el chascarrillo desagradable, la bromita de este año, como los quince últimos.

"Es el... ...ado del bañador masculino", me revela mi hermana desde su parlanchina localidad.

"¿Qué? ¿El aclarado del bañador masculino?". No escucho bien, pero el aclarado no me parece una gran novedad en cuestión de tendencias, también mi marido enjuaga sus pantaloncitos, hasta la rodilla, porque el agua salada le irrita la piel; y usa el mismo modelo que mi suegro, el mismo desde que lo conozco.

"No, no el aclarado. ¡El realzado! Un corte, ¿qué sé yo?, una costura en la parte anterior del slip que confiere al accesorio una forma particular, digamos que más aerodinámica, y que realza especialmente las dimensiones".

No me gusta, será la edad, pero ese tipo de hombres me excitan lo mismo que el capó de una furgoneta. Vistoso, abultado, pero totalmente inerte. No sé qué porcentaje de hombres se atendrá a esta nueva perspectiva de lo físico, ni si serán sobre todo los más jóvenes.

El hecho es que veo con abatimiento a muchísimos muchachos presumidos, vanidosos, con un ambiguo olor a mujer, que frecuentan al esteticista para depilarse con más frecuencia que yo, que pasan horas y horas en el gimnasio. A mí esta clase de machos me da una impresión "demasiado suave, como el perro de un señorito", como se dice en Perugia.

Sospecho que hay cierta relación entre la pérdida de identidad y los diversos tipos de transexuales, metrosexuales e, incluso, hombres afeminados, en otras palabras, entre el realzado del bañador y la pérdida de una idea común y sólida de paternidad, pero, lo admito, no consigo decir cuál.

Agata,
o
El talento para elegir al Hombre Equivocado

Querida Agata:

Tú sí que eres "un pedazo de mujer",[a] como me dijo una vez un colega napolitano a modo de halago, probablemente más interesado en que le prestara mi vídeo sobre la economía islandesa que impresionado por mi vestido de espalda escotada. Pero, ¿para qué preguntárselo?

Lo que, en cambio, sí me pregunto a mí misma es cómo es posible que semejante pedazo de mujer, y me refiero a ti, no se vea abrumada por toda una tropa de hombres dispuestos a todo sólo para tenerte, casarse contigo y hurtarte a la vista del mundo encerrándote en un castillo.

¿Por qué no tienes novio, no estás casada, (¿no eres madre?), como en el fondo querrías?

Es notoriamente cierto que el juicio de las mujeres sobre lo que les gusta a los hombres es poco fiable, como intuyo por ciertas sonrisillas disimuladas que a veces esconde trabajosamente mi marido, adiestrado como está para no dejarse pillar en voz alta como un incauto. A

[a] En dialecto napolitano en el original: *'Nu femminone 'e femmina*, literalmente "un mujerón de mujer"

propósito, y a modo de inciso, su paquete básico de adiestramiento incluye una serie de respuestas estándar que ha aprendido a darme, contestando automáticamente y sin volverse siquiera para mirarme, por ejemplo, "Querida, estás delgadísima", cuando le pregunto cómo estoy (porque una mujer, como decía Coco, nunca está ni demasiado exuberante ni demasiado delgada), o también "Pero si estás guapísima también sin maquillar", cuando le pregunto si tengo tiempo para una reparación de urgencia.

"¡Qué mujer más vulgar!", les digo a los colegas de la redacción, a la vista del bellezón que hay en antena. "¿Eh? Sí, es muy vulgar", y, conciliadores, me dan la razón. "Está mucho mejor Charlotte Gainsbourg, poco pecho, la nariz un poco irregular, pero elegante a su manera".[b] "¿Eh? Sí, muy elegante sin pecho", dicen a media voz, mientras no le quitan ojo a esa tipa de mirada vagamente impúdica (y pecho ofensivo, para nosotras, las mujeres normales).

En otras palabras, no entenderé mucho sobre los gustos de los varones, pero yo me comprometería contigo, si es que existe alguien que haya sobrevivido a Donna Letizia y que use todavía esa forma de hablar.[c]

Eres guapa, inteligente, simpática, agradable e irónica. No me puedo explicar cómo no tienes que dar números para poner orden en la cola de los que deberían desear cenar contigo. Y mucho menos me puedo explicar tu insistencia en elegir siempre al Hombre Equivocado: lo hueles a varios kilómetros de distancia, apuntas con pulso firme y finalmente lo consigues a placer, dando todos los pasos necesarios para que el cabezazo sea más eficaz.

---

[b] Charlotte Gainsbourg (1971) es una cantante y actriz francesa, hija de Serge Gainsbourg y de Jane Birkin.

[c] Esta Donna Letizia no tiene nada que ver con la Princesa de Asturias. Es un pseudónimo que utilizó la escritora y pintora Colette Rosselli (1911-1996) en sus libros y en sus artículos en conocidos semanarios sobre etiqueta y buenas maneras.

No obstante, te debo alguna de las piedras angulares de mi formación de mujer adulta y responsable, como el arte de ese maquillaje que te da un aspecto vagamente desaliñado y sugerente, los *bedroom eyes* (¿comprendes, Guido?, no es que se me haya derretido el lápiz de ojos, lo hago adrede) y algunas reglas de oro, como: "Si los tacones te hacen daño en la zapatería, te harán daño siempre", o "Si te pintas las uñas pero te vas a la calle vestida así, es como ponerle corbata a un cerdo".

Eres la mejor consejera de estilo que una amiga podría desear, claro que porque tú tienes estilo, y no como yo, que una vez cada seis meses inserto una tienda en mi trayecto entre el trabajo y la casa y me llevo todos los artículos negros y grises que consigo probarme en cuarenta minutos, con el propósito de combinármelos con algo de color que no compraré jamás.

Sabes llevar con naturalidad y clase unas caderas siempre abundantes, que no te impiden vestir con elegancia medias tupidas hasta la rodilla y botines. Siempre sabes cuáles son el accesorio justo y el zapato perfecto — porque, según tú me has enseñado, el estilo se juzga por los zapatos — para resolver el vaquero más normal con un jersey de cuello alto. Eres capaz de mantener una conversación siempre agradable y brillante. Quizás no muy profunda, pero tú lo reconoces sin problemas: puede que no hayas leído el *Elogio de la conciencia* de Ratzinger, pero los romances del año siempre te los sabes, y no hablemos de las películas.

Se ve que sabes estar en el mundo: has estudiado lo justo, has viajado, sales y te ves con seres humanos por encima de los ocho años de edad, sabes hacer perfectamente un brindis en una fiesta de cumpleaños, incluido el discurso ante treinta personas casi todas muy diferentes entre sí sin perder el dominio de la situación (¡os ruego que nunca me lo pidáis a mí, quizás escribiría treinta cartas autógrafas, sería divertido, pero un brindis no!).

Si nos topamos juntas con alguien "que merece la pena", tú das lo mejor de ti misma, yo lo peor. O más precisamente, casi siempre me quedo callada, y no quiero decir que eso sea lo peor. Pero deberías saber qué cosas tan ingeniosas se me ocurren en casa, dos o tres días después...

Sabes salir con destreza de cualquier encerrona, existencial y profesional; si fuese por mí te enviaría a cualquier lugar para cubrir en directo cualquier acontecimiento; para cualquier cosa que hubiera que decir encontrarías palabras; mientras que, yo, cuando alguien me dice que me ha visto en antena siempre me da miedo de que sea para decirme que tenía espinacas entre los dientes.

Sabes decir la verdad (casi) sin ser ofensiva, sabes reírte de ti misma y de los demás con la misma benevolencia. Hasta sabes caerte con estilo, como el año pasado en la montaña, mientras que, por mi parte, nunca haría deporte alguno que requiera más coordinación que la de echar un pie delante del otro. Aparte de lo de correr, sabes que sólo me queda el esquí de fondo: soy torpe para el cansancio, y para hacer menos de cuarenta kilómetros ni siquiera me molesto en empezar.

Tú, en cambio, te acercas a la existencia de la forma más relajada posible, eres jamaicana por dentro: "*Take the best of it*", acostumbras a decir con pragmatismo anglosajón, todo lo contrario que yo, que cabalgo lanza en ristre hacia misiones casi siempre imposibles, y de seguro fracaso.

No apestas a matrimonio a metros de distancia — el factor que más aleja a Medioman en la actualidad —, porque sólo quien te conoce muy bien sabe que hace muy poco que has comenzado a no excluir esa hipótesis.

Entonces, me pregunto yo, ¿qué has hecho para ir enhebrando esa serie de fracasos amorosos tan científicamente exacta?

¿Tenías intención de presentar una tesis doctoral en el CNR sobre el hombre italiano o es que alguien te ofreció dinero para que hicieras un estudio de mercado?[d]

Te has llevado a casa, cómodamente y sin gastos adicionales, a algunos de entre los peores ejemplares en venta.

Sólo haciendo un esfuerzo me viene a la memoria, en primer lugar, aquel notario del Porsche que parecía un actor secundario, con el pelo largo de corte perfecto y engominado, rostro bronceado y vestido con la aspiración de salir fotografiado en las páginas de sociedad del "Messaggero". Cada vez que me encontraba con vosotros, inexplicablemente juntos, veía relampaguear sobre tu cabeza una enorme cornamenta de neón: te hubiera esperado un luminoso futuro de mujer traicionada, pero seguro que hubieras derramado tus lágrimas sobre un sofá de trece cuerpos Roche Bobois — del tono rojo típico de la burguesía romana — y te hubieras preparado la manzanilla en una espléndida Bulthaup.[e]

Después, con un triple salto mortal carpado, te pasaste al género intelectual atormentado, un amor apasionado que de hecho te dejó destrozada; pero por lo menos escapaste al riesgo de haberte pasado la vida llorando en repugnantes silloncitos mientras él te dejaba sola para flirtear con cualquier dispositivo ultratecnológico cuyo nombre empezara por "i". En mi opinión, llegados a ese punto, es mejor que te traicionen con una rubia, porque al menos la puedes esperar en un portal.

---

[d] CNR son las siglas correspondientes al *Consiglio Nazionale delle Ricerche* ("Consejo Nacional de Investigación"), el organismo italiano equivalente al Consejo Superior de Investigaciones Científicas (CSIC) español.

[e] "Roche Bobois" es una firma francesa de muebles de altísima calidad y precio. "Bulthaup" es una marca de cocinas de nivel equivalente.

No te faltó tampoco el separado, muy, pero que muy, fascinante, pero con tres hijos adolescentes que de buena gana te hubieran clavado alfileres en los ojos. Brillante, divertido, pero ausente a intervalos regulares: fines de semana alternos, fiestas de guardar, agosto y todos los miércoles eran sagrados para la familia, de la cual tú nunca hubieras formado parte. Y la sombra de la primera mujer cerniéndose amenazadora. Puede que tú creyeras que contigo quería hacer las cosas con calma, no correr. En realidad, lo que quería era no meterse de nuevo en una situación familiar de la que apenas acababa de liberarse.

Y, ahora que lo pienso, también tuviste a aquel que estaba dramáticamente apegado a su mamá, contra el que no me gustaría ensañarme demasiado porque yo soy una madre posesiva y celosa, y me temo que acabaré siendo una suegra insoportable. Aunque espero que la Agata de turno intervenga para ponerme en mi sitio: a hacer punto en casa y a pasear a los nietos, y sólo una ficha telefónica para una llamada semanal.

Tu problema es el problema que tenemos muchos de esta generación privilegiada nacida en el lugar justo del mundo y en la época justa. Miramos con horror la idea de renunciar a algo. Ése es el problema.

Aquí y en este momento, parecen abrirse ante nosotros una serie de posibilidades que hasta ahora eran inimaginables (y que lo siguen siendo para una gran cantidad de personas).

Estamos anegados en bienes materiales. Ahora debería evitar largarte un rollo sobre ese uso ávido y perverso de la globalización, gracias al cual cualquiera se lo puede permitir verdaderamente todo, pero de calidad ínfima. Por ejemplo, un holograma, un simulacro de vestidito que hoy es, y que quizás llegue a la semana que viene. En cambio, tu vestido de seda, mamá, imagina, está aguantando incluso la convivencia conmigo y con mi lavadora. Ciertamente, no tengo grandes ocasiones mundanas para lucirlo y para que alguien pueda valorar su estilazo, pero, créeme, me sienta fantásticamente en la misa matinal, cuando entre la más joven de las doce viejecitas y yo hay una diferencia de cerca de treinta y cinco años de edad. Soy miss Misa.

Pero, aparte de renunciar a los bienes materiales, que repentinamente se han hecho necesarios en cada modelo y variante de color, lo que nos parece duro en esta parte del mundo es renunciar a las vidas posibles. Es la sensación de la adolescencia — época casi inminente para mis hijos, pero que yo todavía recuerdo —, cuando querías vivirlo todo, probarlo todo, estar en todas partes, escuchar, leer, saber, olfatear el aroma de las infinitas vidas que el mundo parecía ofrecerte. Y la idea de que algún día elegirías una de ellas y cerrarías todas las demás puertas a tus espaldas, para siempre, sin vuelta atrás, era lo más parecido a la muerte que uno podía imaginar a los dieciséis años.

Con todo — llegamos a la conclusión una vez mi amigo Francesco y yo después de haber estado hablando durante horas en el coche —, en cualquier caso, elijas lo que elijas, llegues a ser lo que llegues a ser, hagas lo que hagas, no te llegará más que para cubrir exactamente los centímetros de tus pies (yo, de todas formas, calzo un cuarenta y uno grande).

Aquel pensamiento nos liberó de la angustia existencial.

¿Qué seremos? ¿Qué haremos? No importa, nos decíamos, hasta el más *"bulo"* de todos — una persona con suerte, en el dialecto de Perugia — está solo, sobre sus dos pies. De este modo, Francesco (¿dónde has acabado?) y yo habíamos dado un paso adelante en relación con la mayoría de los ultracuarentones que ahora veo a mi alrededor.

Tú, Agata, lo eres todo, estás llena de dones, pero incluso tú puedes cultivar sólo algunos de ellos. Tienes que elegir. Tienes que elegir por lo que respecta a tu vida, y tienes que decidirte también por el hombre que querrías junto a ti.

Es duro, lo sé. Mejor dicho, lo sé muy bien; de hecho, la frase que repite más mi marido, después de "Tengo sueño" (pobrecito, vuelve a casa del trabajo de madrugada, pero a la mañana siguiente el resto de la familia no parece haberse dado cuenta), es: "Costanza, en la vida uno no puede hacerlo todo".

Al final, nuestra vida será el producto de las elecciones que hayamos ido haciendo progresivamente. Si cogiste algo, algo dejaste.

A todos nos parece estupendo mantener todos los caminos siempre abiertos, es el síndrome de la salida de emergencia, pero eso es una ilusión. Más aún, mantener todo abierto es una elección que lo cierra todo.

Cierras la posibilidad de recorrer un solo camino con una profundidad y una riqueza que el mundo no conoce. Vivir todos los amores no te enseñará más sobre el amor que vivir uno solo en profundidad.

Esto último te enseñará a abrazar lo cotidiano sin andar a la caza de emociones y sensaciones. Te enseñará a amar una vida que, desde fuera, parecerá una vida simplemente "normal". El camino de la mediocridad y de la gradualidad corre cuesta arriba, pero al final se abre a un valle amplio, oculto y secreto, que los senderos de las emociones ni siquiera podrían soñar. Es un camino para pocos. Yo, la teoría me la sé muy bien, pero por mi naturaleza, la práctica la haría peor que tú; odio tomar una decisión, ni siquiera me gusta elegir la mesa en la cafetería, por eso me pongo siempre la última de la fila (pero, por favor, no me quitéis esa última pera en dulce).

Por suerte, tengo un marido dotado de buen juicio en cantidades industriales, y cuatro hijos que han reducido a cerca de ocho minutos diarios el tiempo que puedo dedicar a preguntarme "y ahora, ¿qué hago?". Habitualmente los paso contemplando con abatimiento el estante de las cremas y calculando mentalmente cuánto dinero he desperdiciado y cuántos programas de mantenimiento físico he descuidado; en compensación, la *Capture* de Dior le ha hecho un gran bien al conejito Tetenno, no tiene ni una sola arruga en su carita de tela. Así, una vez transcurridos los ocho minutos, ya no me queda nada que decidir, más que abrazarme a mi vida con convicción.

Abraza tú también una vida, una sola, y agárrate a ella con fuerza. Y decídete también por un hombre, por uno solo. Los hombres son una raza un poco particular, pero si tienes espacio — mejor un jardín, pero te vale con un balcón — puedes tener uno en casa, no te vendrá mal. Yo voto por Paolo, cásate con él y forma una familia, que ya es hora. Después, si quieres me llamas y me haces una lista de todos sus defectos — ¿te importa si te cuelgo un momento para preparar la lasaña? —, pero entretanto habrás elegido. Y empezarás a vivir.

Un beso de tu devota aprendiz de estilo, que no ve llegar la hora de admirar tu vestido de novia.

C.

Sobre este tema, no me gustaría decir ninguna banalidad del estilo "la persona adecuada llegará cuando menos te lo esperes", ni hacer bromas rancias como "... pero tú no estarás en casa en ese momento". Por tanto, debería acabar aquí mismo el capítulo. No tengo nada inteligente que decir. Habría millones de libros, canciones y películas que citar; palabras maravillosas sobre el encuentro, y tampoco me importaría adornarme a expensas de otros; lástima que en este instante sólo me vengan a la memoria las reflexiones de Carrie Bradshaw.[f]

[f] Carrie Bradshaw es el personaje principal de la serie de televisión americana *Sex and the City* ("Sexo en Nueva York"), personaje que interpretaba Sarah Jessicah Parker. Es una periodista fiestera y adicta a la moda que cuenta sus andanzas y las de sus amigas en su columna semanal.

A pesar de la pobreza de mi patrimonio cultural, no puedo abstenerme de cruzar este campo de minas: estoy rodeada de personas solitarias, a las que — por el espíritu de viejecita de pueblo que habita en mí — quisiera ver sentar las cabezas de una vez por todas. Para ser honrada, tengo que decir que no doy ni una, que nunca he conseguido formar una pareja de entre mis conocidos. No creo que nunca me pongan a editar la sección de asuntos del corazón, esa sección que casi todas mis colegas y yo leemos entre las primeras cosas que leemos por la mañana, bien escondida dentro de un ejemplar del *"Sole"*.

"¡Déjalos tranquilos! ¡Están muy bien así!", me regaña mi marido cada vez que le propongo invitar a cenar a dos inocentes candidatos. No lo mueve nada a compasión su trágica situación: libres todas las tardes para ir al cine con una persona diferente, ni siquiera una sola reunión de consejo escolar, jamás una noche en blanco por un cabezazo del niño más fuerte de lo habitual ("señora, lo despierta usted cada dos horas para ver si reacciona"; ¿y a mí quién me despierta para ver si reacciono?).

En mi pequeño archivo secreto de personas casaderas hay algunas que hasta a mí empiezan a hacerme perder un poco la esperanza: son mayores y con la edad se pierde la inconsciencia, y puede que aumenten la rigidez y ciertos hábitos crónicos. Una vez me contó una colega su ritual matinal, una serie de pequeñas etapas sagradas e intocables que duran cerca de dos horas desde que suena el despertador hasta que sale de casa. Para una madre, lo único seguro en esos momentos de la mañana es que, en algún hueco, conseguirá cepillarse los dientes.

Sin embargo, sigo creyendo que incluso esta colega mía encontrará a alguien más fascinante que su viejo camastro solitario en el centro de la habitación, o a alguien que tenga unas obsesiones perfectamente simétricas a las suyas.

Porque la relación de pareja obedece a una profundísima exigencia nuestra. Existimos con relación a alguien. La mujer necesita al hombre, no puede pasar sin él si quiere encontrar su identidad. Cuando comprende que no puede existir en plenitud por sí sola, renuncia a la tentación de la autonomía, se ofrece a sí misma y recibe todo lo que él tiene que darle, porque un hombre, a cambio, no se resiste a la mujer que escucha su voz. Que lo sigue, que lo obedece, que se le somete. Ella tiene que fiarse, correr el riesgo de perder, si se quiere tener a sí misma.

Ciertamente, el riesgo es mayúsculo: ponerse a sí mismo para siempre en manos de otra persona. Y no hay nadie que te dé un certificado de garantía, una verificación, ni siquiera una póliza de seguros. Nada. Te tiras sin red.

Es un camino arduo y alocado, es un riesgo. Te decides a recorrerlo cuando has madurado, cuando has aprendido a amarte a ti misma y entonces, sólo entonces, eres capaz de gestos gratuitos.

Muchas de mis coetáneas no se lanzan al matrimonio porque, mientras que antes era el único camino "normal", ahora es sólo una posibilidad, y creemos tenerla delante de nosotras más o menos para siempre, en una especie de cristalización de una adolescencia eterna. Y además porque, desde hace muchos años, tampoco las mujeres, como antes les pasaba sólo a los hombres, tienen ya necesidad de casarse para tener una vida sexual satisfactoria. Así, ser muy bellas, inteligentes, cultas y dedicadas a la profesión puede llegar a complicar aún más las cosas. A veces, nos hace caer en la trampa de darle un peso excesivo a la propia autonomía. Renunciar a ella, incluso parcialmente, puede convertirse en algo impensable.

En cuanto al hombre, podrá gustarnos o no, pero funciona así: da con alegría si se siente libre. Si se siente enjaulado, preso o censurado, intenta escabullirse de la relación. Lo puedo decir con conocimiento de causa, yo, que soy una atosigadora de manual y que, en mis momentos de máxima eficacia, veo claramente cómo se despliega un rótulo sobre la frente de mi marido. Es una lista al estilo de Nick Hornby: sitios donde preferirías estar ahora.[g] "Con mi mujer" aparece un poco por debajo de "En una excursión en autobús por la costa amalfitana con demostración de olla a presión y regalo de un juego de paños de cocina", en la posición número 24.726.

Esta realidad, que la mujer lleve inscrita la obediencia en su interior — el hombre, en cambio, lleva la vocación de la libertad y de la guía —, no nos gusta mucho, pero es necesario entender bien el sentido que tiene.

Creo que, al final de nuestra historia personal, y también al final de la Historia (porque la Historia tiene un sentido, tiene un comienzo y también un final), la lógica de la obediencia y del mando será superada. Ahora, sin embargo, la obediencia se ha hecho necesaria a causa de nuestra naturaleza herida, por el pecado original. Con el ejercicio paciente y cotidiano de la obediencia, se puede ir al encuentro del otro y poner límites a nuestro egoísmo. A veces, con el consuelo de todos nuestros sentidos y nuestras emociones. Otras veces, en contra de nuestras emociones.

Porque el amor también es una elección, también es una decisión. Tiene que ver con la emoción, pero la emotividad es sólo una parte suya. La idea corriente del amor, en cambio, invierte completamente la jerarquía y coloca en primer lugar

[g] Nick Hornby (1957) es un escritor y periodista inglés, algunas de cuyas novelas han sido llevadas con éxito al cine. Sus protagonistas suelen ser antihéroes cobardes, mezquinos, tiernos y un poco egoístas, aunque buenas personas.

las sensaciones. Los libros y las películas rebosan de esto. Mares encrespados apenas por una emoción, por un vientecillo ligero que sólo hace agitarse la superficie.

Así, a veces, nuestro amor, que nosotros creemos noble y generoso, es cobardón y egoísta, igual de fiable que las sensaciones, o sea, poco. "Por ti atravesaría desiertos y selvas, la noche más oscura y la tempestad. Por lo tanto, hasta luego, nos vemos en el centro a las ocho. Si no llueve".

Una vez que uno se ha casado, el problema de no funcionar sólo con la emotividad surge con toda su violencia. La otra persona, si no se está atento, acaba siendo tan emocionante como un pañal sucio, un montón de facturas o un olorcillo a verdura cocida.

En mi programa personal "No te distraigas, sigue siendo una compañía no repelente", entre los primeros puntos se encuentra éste: aprender a hablar el lenguaje del amor del otro.

Los americanos, que como es sabido son tipos claros y que, cuando entras en su país, te preguntan cordialmente: "Perdone, ¿pretende usted llevar a cabo alguna actividad criminal o inmoral?", también han elaborado un manual sobre esta cuestión; han dividido en cinco los lenguajes posibles del amor, cosa que, al margen de la americanada, tiene su fundamento. Para hacer que nuestros gestos lleguen al otro, hace falta que el otro los comprenda.

Hay quien, si no recibe un objeto concreto, tangible, no se siente amado, como les ocurre, por ejemplo, a dos de mis hijos. Puedes pasar con ellos una jornada maravillosa, colmarlos de atenciones, de palabras, rascarles detrás de las orejas y besarlos, pero si no han recibido un regalo, si no han abierto un paquete, será como si no hubiera ocurrido nada.

Hay quien quiere momentos exclusivos, especiales, dedicados sólo a él, como otro de mis hijos, al cual ya le puedes regalar, no sé, la guitarra de sus sueños, o la PSP, que, después de dos segundos, tropezará contigo, empeñado en estar cerca, en hablarte, en reclamar atención y escucha. Con él ahorramos un montón de dinero, pero al final hay que reinvertirlo en caramelos para la garganta. O en tapones para los oídos, si estás demasiado agotada.

Según este autor americano (se llama Gary Chapman) hay también quien sólo comprende el afecto por medio del contacto físico: besos, abrazos y caricias, que en la primera infancia son siempre necesarios y que después, para la mayoría de las personas, acaban siendo accesorios. Efectivamente, yo los he distribuido en dosis de caballo en los primeros años de vida de mis hijos, hasta hacer que me dieran calambres en los labios. Ahora, aparte de las demostraciones afectivas de mantenimiento, una de las niñas sigue con necesidad de un contacto físico muy frecuente, preferentemente con mi cuello.

En cuanto a mi marido y a mí, desafortunadamente hablamos dos lenguajes distintos, y los dos siguen siendo distintos. Él habla el lenguaje de los gestos de servicio, yo el de las palabras (lo digo por si alguno de mis familiares, amigos o conocidos todavía no lo hubiera comprendido; por tanto, por favor, la verdad nunca; no me interesa: sólo cumplidos).

Así que, para expresarme su afecto, mi marido se transforma en Mister Wolf, resuelve problemas (hay un señor Wolf en cada hombre).[h] Entre otras cosas, está entrenado trabajando durante

[h] "Mister Wolf" es una empresa *on line* que trabaja prácticamente en todo el mundo cuyo lema es "resuelve tus problemas" y que se dedica al diseño de páginas *web*, de *blogs* y foros de discusión, así como al mantenimiento de redes informáticas y a solucionar todo tipo de necesidades relativas al *software* de los sistemas informáticos.

años en televisión, por lo cual también puede entender que un minuto antes de salir al aire no haya nada que funcione, que todo parezca perdido, que la catástrofe — emitir carta de ajuste y notificación — se cierna y que, después, alguien se las ingenie, recurra a algún truco insospechado, qué sé yo, que coja un hilo elástico de las bragas y arregle algún aparato o se saque un alambre del bolsillo y haga que todo funcione de nuevo. Ver la animosa profesionalidad y el ingenio itálico de mis colegas siempre me tranquiliza mucho, me hace pensar que nunca le ocurrirá nada realmente malo a nuestro país.

Sin embargo, yo querría oír de labios de mi Mister Wolf personal alguna declaración impresionante o alguna expresión de admiración para conmigo, formas de hablar cuya existencia creo que ignora; o, si ya queremos exagerar, ese tipo de expresiones acompañadas de un buen ramo de rosas (aunque las peonías y los ranúnculos también me valen, y adoro la lavanda). Mientras que él se afana en mi beneficio con cables y utensilios tecnológicos. "¡Mira qué bonito — me anuncia triunfante, como si me estuviera regalando un diamante —, ahora podemos montar un vídeo directamente en el ordenador de casa, grabando el audio desde aquí!". Dicha posibilidad podría resultar utilísima en caso de que los niños — de los tres a los once años — decidieran de repente largarse los cuatro juntos, sin nosotros, a un viaje de placer por los castillos del Loira.

En cuanto a mí, los primeros años pensaba que era algo impagable, por mi parte, escribir para mi marido una magnífica carta, descuidando detalles pequeño-burgueses como la preparación de la cena, pero algo me dice que él hubiera preferido comer.

"¡Nunca me dices que soy importante para ti!", me lamento. "¿Que no eres importante para mí? ¡Pero si he ido de madrugada a comprarte la Coca-Cola light al drugstore que abre las veinticuatro horas!". En nuestra casa, la Coca-Cola light es un bien de primera necesidad.

Abro un paréntesis. ¿Existe también el *product placement* para los libros? En tal caso, me permito indicarles a los respectivos directores de marketing cuáles son los artículos de confort sin los que no puedo pasar a diario. En este libro hay espacio para inserciones publicitarias de los siguientes productos: *"Il Foglio Quotidiano"*, Giorgio Beverly Hills (no es culpa mía haber sido adolescente en los años ochenta), toda la gama de cremas Sisley, Café Zero y Coca-Cola light (mejor con *cherry flavour*, aunque no esté a la venta en Italia).[i] A esos bienes está ligada mi supervivencia, además, ¡vale, está claro!, de al Espíritu Santo, que se debe solicitar directamente al Director General, en vez de a los directores de marketing.

Como segundo punto del susodicho programa "Sigue siendo una compañía no repelente", después de la invitación a hablar el lenguaje del otro, yo incluiría la recomendación de encontrar espacios para uno mismo. Creo que es importante hacerlo desde los comienzos de la vida en pareja, cuando se tiende a la simbiosis; pero estoy segura de que llega a ser fundamental cuando aparece la familia. En esos espacios se recuperan energías, se llena el depósito para darse hasta el final en la familia.

Está claro que esos tiempos y espacios no deben colisionar con el otro (no vale pasarse todas las tardes con el amigo del

---

[i] El *product placement* ("publicidad por emplazamiento") es una técnica publicitaria consistente en insertar un mensaje acerca de un producto en mitad de la narración que está haciendo un presentador o un actor en un medio audiovisual. *"Il Foglio Quotidiano"* es un diario italiano fundado en 1996, uno de los más consultados en la web. Alcanzó gran notoriedad en 2008 por encabezar una intensa campaña contra el aborto. *"Giorgio Beverly Hills"* es una marca americana de perfume. Por supuesto, *"Sisley"* es un fabricante francés de productos de cosmética y *"Café Zero"* es un helado de café comercializado por *"Frigo"*.

alma porque él sí que te comprende) ni con el sentido común (no vale entrenarse tres horas al día para ser el próximo Ironman porque el ejercicio te hace sentirte muy bien, ¡y así puedes estar disponible para los niños los cuatro minutos que te quedan!).

Parece un consejo trivial, y estaría contenta de que fuera así, pero yo me encuentro con muchísimas personas — para ser honrada, sobre todo mujeres — que tienen dificultad para concederse algún tiempo a sí mismas. Excepto para caer rendidas y lamentarse. A veces, volver a casa media hora más tarde es un gesto de amor, si sirve para recargar las pilas, para hacerse un pequeño regalo. Es una cosa recomendable, sobre todo si, teniendo la posibilidad, no se tiene que encargar de la casa nadie de la familia, sino una cuidadora experta, preciosa e impagable como una mañana de domingo en la que los niños no se despierten a las siete, acontecimiento que se presenta con periodicidad bienal.

Personalmente, aun en los periodos más frenéticos — primeros días de lactancia de los bebés, gripes encadenadas —, yo siempre he intentado mantener algún pequeño canal, a veces debilísimo, de comunicación conmigo misma. En misa, cada día, me quejo directamente al Jefe si hay algo que no va bien, y discutimos amigablemente las posibles soluciones (aun cuando lo más adecuado sería darle las gracias, pero él nunca se ofende).

Y, además, siempre encuentro la forma — a veces realmente fantasiosa e incluso rocambolesca — de hacer un poco de deporte, la carrera, que me acompaña desde que tenía doce años, desde cuando la palabra *fitness* no existía en Italia, los gimnasios eran naves oscuras y apestosas en la planta baja de las escuelas y la expresión “masa muscular” era de otro planeta. La carrera era para mí, y es, pura pasión y alegría de tener un cuerpo. Si soy capaz de comenzar a correr, muerta de sueño o incluso furiosa con tres o cuatro niños a la vez, entonces puedo acabar y al final no acordarme ni siquiera del motivo.

Margherita,
o
Quien está debajo sostiene el mundo

Querida Margherita:

Me había prometido ir a tu boda con una bonita carta para ti y, qué diablos, fui la madrina, era la que salía después de los primeros en los créditos de la película; llegó el momento de dar una lastimosa impresión y de ir preparada para ello. Por lo menos para tu boda, porque a la mía, aunque preparadísima espiritualmente en lo que se refiere al matrimonio, fui (no) peinada y maquillada como todos los días — salvo por una sombra de ojos blanca que mi hermana me había obligado a comprar —, llegué tarde porque antes había ido a correr dos horas y caí presa de un ataque de hilaridad y buen humor que no me favorecieron mucho en las docenas de fotos que el tío Gianfranco se acordó de hacernos. Por lo menos, tú hiciste que en tu boda Guido se pusiera la corbata, una empresa realmente memorable. "¿Por qué te has puesto ese pañuelo?", le preguntó Lavinia a su padre, desorientada por el inédito accesorio. El resto de la familia, en cambio, no estuvo estilísticamente a la altura del acontecimiento principesco de tus esponsales; no tuve tiempo de escribirte antes ni tampoco pude preparar las cosas para que mis hijos y yo hubiéramos estado impecables, porque por alguna razón siempre tienen que ir manchados de chocolate, con los zapatos desatados, los pantalones demasiado cortos o demasiado largos, o una media agujereada por la que se puede observar una herida en la rodilla.

A pesar de todo, harapientos como de costumbre, llegamos los seis, e incluso puntuales, dado que me tenía que sentar junto a ti. Fue una celebración llena de gracia divina y de detalles preciosos, aunque mis hijas la recordarán más que nada por la cola de encaje de tu vestido, superior a la de Cenicienta, nuestro insuperable icono estilístico. Desde ese día, cada vez más a menudo, las escucho hablar entre ellas: "Esto me lo pondré cuando venga mi príncipe y se case conmigo", dicen repartiéndose diademas y pendientes de plástico. Los niños, la verdad, recordarán más que nada el fatídico día porque coincidió con el desastre de la Roma frente a la Sampdoria, que le costó la liga al "equipo mágico". Qué vamos a hacer, son varones, modelo básico. No obstante, no son tontos, al menos todavía no. Bernardo es un estudiante modelo, nunca consigue sacar menos de diez en la escuela, y está dispuesto a cumplir las órdenes como un pequeño soldado. Tommaso, un poco menos preciso (y llamado en casa el "Tragón"), el año pasado, o sea, en cuarto de primaria, me llamaba de noche para preguntarme en qué año se celebró la Conferencia de Teherán, episodio histórico totalmente desconocido para mí, puesto que el último acontecimiento remoto del que tengo noticia es la caída del Imperio Romano de Occidente. Y recuerdo una noche que va y dice: "Mamá, ¿qué es el materialismo dialéctico?". "Si no te duermes, llamo a papá", intento asustarlo mientras hojeo nerviosa la *Garzantina* de filosofía o el manual de historia que he aprendido a tener a mano junto con las cosas fundamentales — como los dvd's de *West Wing* o la novena de la madre Esperanza — desde que tengo la clara percepción de mi ignorancia sin lagunas (la expresión no es mía, es de Flaiano).[a] Si lo

---

[a] Las *Garzantine* son una colección de enciclopedias temáticas publicadas en Italia a partir de 1962 por la editorial Garzanti. *West Wing* (el "ala oeste", de la Casa Blanca, se entiende) es una serie de televisión norteamericana que se emitió con gran éxito desde 1999 a 2006. La madre Esperanza (de Jesús Alhama Valera) (1893-1983) fue una religiosa murciana que fundó en Roma, en 1951, la Congregación de los Hijos del Amor Misericordioso. Fue declarada Venerable en 2006. La expresión "ignorancia sin lagunas" la atribuye la autora a Ennio Flaiano (1910-1972), periodista, guionista y crítico de cine, considerado hoy como uno de los grandes escritores italianos del siglo XX.

pillo abusando del ordenador, actividad racionada, lo encuentro más a menudo leyendo noticias sobre los visigodos que jugando al Texas Hold'em.[b] Pero, como perteneciente al género masculino, tiene una tara que es casi universal en los varones. El cerebro se le embota en cuanto ve rodar un balón. Conozco a hombres completamente normales, y hasta especiales, como con el que me casé, que en el momento del pitido inicial sufren una mutación y pasan instantáneamente y sin pestañear de Sam Peckinpah a *La signora in giallorosso* — programa de debate deportivo en una televisión local romana — o de una relectura de *El idiota* a Radio Marione, perdiendo cualquier freno inhibitorio.[c]

Te lo digo así, para que te prepares, dado que te has buscado uno de la misma especie y no para un fin de semana, sino para toda la vida, hasta que la muerte os separe.

Precisamente por eso, me importa mucho darte mi verdadero regalo de bodas, un bien más precioso que cualquier otro y que, al menos éste sí, ha llegado a tiempo. Es el secreto de un matrimonio santo o, lo que es lo mismo, de un matrimonio feliz.

Ese secreto es que las mujeres, ante el hombre que hemos elegido, demos un paso atrás. Y tú, que me conoces, sabes bien que tal cosa no está en absoluto en mi naturaleza, yo, que hice mío el lema de mi abuelo, el coronel: “Con pared o sin pared, tres pasos al frente”. Por ejemplo, creo ser una de las siete u ocho personas en el mundo que, corriendo, han atropellado a un coche: para mí un traumatismo craneal, para él un buen bollo. A pesar de que me gustaría adornar el relato de tonos épicos, resulta que no, que no era un Aston Martin, era sólo un Fiat Punto. Con todo, es verdad que sin ser dócil, he lle-

[b] Una versión del juego del póquer.

[c] La *signora* es la Roma (el equipo de fútbol), ya que sus colores son *giallo e rosso* (“amarillo y rojo”) y Radio Marione es la radio oficial de ese mismo equipo.

gado a serlo, pienso, espero, porque creo que eso significa ser esposa: acoger, antes que cualquier otra cosa. Sin embargo, sabes que a mí, lo mismo que a todo el mundo ciertamente, no me gusta perder. Fui algo más que competitiva en la escuela y en la universidad. Todavía más en el deporte, que es el único "reposo" que me he permitido desde los tiempos de la secundaria hasta el último embarazo. Una veintena de kilómetros entre un Homero y un Esquilo, en gran parte para aclararme las ideas. Y luego, en los años en que nos perdimos de vista, no sabes que cuando preparaba alguna maratón era capaz de irme a correr a las tres de la mañana, cuando tenía que estar a las cinco de la mañana en la redacción para el telediario. Salía en pantaloncitos cortos en una ciudad como Roma, que no es la mía, toda oscura, y me parecía totalmente normal, aun cuando me encontraba con un desequilibrado desnudo del todo delante del Altar de la Patria que, obviamente, al verme se preguntaría a su vez quién sería aquella desequilibrada que corría.

Y aún ahora, que soy una señora al filo de los cuarenta (con el invento de los "chicos" ultracuarentones es suficiente) y que corro cuando puedo sin preparar competiciones, si alguien me adelanta — aunque sea una paloma — sigue saltando un resorte dentro de mí.

No obstante, cuando se trata de la vida de pareja, hay que competir al revés: con pared o sin pared, tres pasos atrás. Y hay que hacerlo aun cuando no entiendas el motivo, aun cuando estés íntimamente convencida de tener razón. En ese momento, haz un acto de confianza en tu marido. Sal de la lógica del mundo, "yo quiero tener la razón", y entra en la de Dios, que te ha puesto al lado de tu marido, ese santo que te soporta a pesar de todo y que, dicho sea de paso, también es un buen tipo. Y si algo que él hace no te parece bien, con quien tienes que vértelas es con Dios: puedes comenzar poniéndote de rodillas, y la mayoría de las veces todo se resuelve.

Luigi es el camino que Dios ha elegido para amarte, y es tu camino hacia el cielo. Cuando te dice algo, por lo tanto, lo debes escuchar como si fuera Dios el que te habla. Con discernimiento, está claro, con sabiduría e inteligencia, es obvio, porque es una criatura, pero con respeto, porque con frecuencia ve con más claridad que tú. Nuestra vocación, sea la que sea, es siempre para hacernos felices. Como dice Pavel Evdokimov, el teólogo ortodoxo ruso, si el fin objetivo del matrimonio es engendrar hijos, el subjetivo es engendrarse a uno mismo.

¡Sin Luigi, Margherita no es plenamente ella misma! ¿Te das cuenta de que tienes entre manos algo grande e inestimable? En esta empresa que acabas de comenzar, con la gracia de Dios, te regenerarás.

"Pero ¿cómo se hace?" — me has preguntado miles de veces por teléfono. "¿Tengo que darle la razón aun cuando no la tenga?". Yo diría que sí. Ante todo, porque si a ti te parece que no tiene razón y si, como decíamos, es él el que te lleva a tu plenitud, el que te completa, entonces precisamente cuando pensáis de forma diferente es cuando debes abrirte a él, y acogerlo. Entonces es cuando lo que te dice tiene un significado precioso para ti, cuando te añade algo, te completa, te hace crecer, te hace dar un paso. Si sólo acoges aquello que es conforme a ti, aquello que tú piensas, no estás casada con un hombre, sino contigo misma. En lugar de hacer eso, debes someterte a él. Cuando tengáis que elegir entre lo que te gusta a ti y lo que le gusta a él, elige a su favor. Y eso es fácil. Cuando hay que tomar una decisión y, sopesados los pros y los contras, la respuesta sigue sin ser evidente, fíate de él, y deja que sea él quien diga la última palabra. Y eso es un poco difícil, a veces. Cuando entre vuestras dos opiniones te parezca que la suya es claramente errónea, para vosotros, y probablemente también para los niños, confía también en su lucidez. Esto puede parecer un esfuerzo imposible. Te dará miedo, porque abandonar las propias convicciones es algo horrible. Pero no te estás arrojando al vacío, te estás arrojando a sus brazos.

Bonitas palabras, ¿verdad? Al leerlas, se diría que soy una criatura angélica; en realidad, lo único que he hecho es escuchar y leer buenas palabras. Si luego las vivo verdaderamente o no, no lo sé. Ciertamente, no siempre, y no todas. Pero he hecho que mi marido le eche una ojeada a lo que estoy escribiendo y no lo ha recibido con protestas vibrantes y ruidosas. Ni siquiera una pedorreta o uno de esos comentarios romanos ("¿Sumisa? ¿De qué? ¡Vamos!") con los que me incineraría si no me encontrase sincera. Ya es algo. Al contrario, la sumisión elevada al estatus de teoría le ha gustado. "¿Ha acabado la beata con el baño?", me preguntó ayer por la tarde. A pesar de todo, es romano, y siempre encuentra el modo de quitarles la poesía a mis raptos líricos.

Comprobarás, te lo puedo asegurar, que un hombre no se puede resistir a una mujer que lo respeta, que reconoce su autoridad, que se esfuerza lealmente en escucharlo, en dejar a un lado su propio modo de ver las cosas, que se muerde la lengua — órgano siempre dispuesto a burlarse, a ridiculizar, a poner de relieve las carencias del otro, para esto somos estupendas, sin comentarios —, que acepta por amor recorrer caminos muy distintos a los que ella hubiera elegido de estar sola.

Poco a poco será él el que vaya a preguntarte qué piensas, qué hay que hacer, por dónde debe encaminarse la familia. Y ese respeto se conquista con el respeto, esa devoción con la sumisión. Y precisamente por haber conquistado finalmente el respeto de mi consorte, me siento dispuesta a exponerle con serenidad los inmensos beneficios que le aportaría a nuestra casa la creación de un vestidor en nuestro dormitorio (el primero de ellos sería que ya no se formaría un lío de camisetas negras en el fondo del armario, y así no me tendría que comprar otras siete la temporada siguiente, creyendo haberlas perdido).

Y aunque los frutos parecen tardar (no tendré mi vestidor), nosotros, los cristianos, debemos saber que están madurando. Vivimos contentos en la esperanza, ¿no? Sabemos que lo que acontece no se puede medir con la medida del mundo. Sabemos que cada sufrimiento, incluso los pequeños — no piensas como él, no habrías hecho aquel programa, no habrías ido allí de vacaciones o a aquella velada

—, aceptados con amor, producen frutos a veces misteriosos, pero nunca perdidos. "Que lo que te hace sufrir sea para ti lo más querido del Eremo", decía San Francisco, que habría pasado cada minuto en el Eremo delle Carceri, en una plegaria dulcísima y continua, y que, en cambio, aceptaba estar entre personas que a veces no lo entendían, incluidos algunos hermanos.[d]

Y tú sabes que nosotras no estamos por la mortificación en sí misma, no somos ciertamente austeras: nos gusta hablar de *El castillo interior* y del último tono de laca de uñas de Chanel, ese imposible de encontrar llamado "Vernis Riva", leer el *Diálogo de la Divina Providencia* y cotillear — con evidente mala fe — de lo corto que tiene el cuello Carla Bruni (la justicia divina existe).

La mortificación nos gusta porque es para alcanzar un bien mayor, y ese bien es acoger a tu marido, por consiguiente, engendrarte de nuevo a ti misma.

Además, ¿te puedo confesar, sin que te ofendas, que cuando me cuentas que tu marido te pone furiosa siempre me parece que es por insignificancias? Se trata de alfilerazos a tu orgullo, pequeños atentados contra tu autoestima, demasiado débil. Cuando sabes quién eres y cuánto vales — muchísimo, fíate de quien te conoce y te quiere bien —, no tienes miedo de algunas críticas. Es verdad, todavía no eres una cocinera experimentada ni un ama de casa perfecta. ¿Qué problema hay si te lo dice? Dile que tiene razón, que es verdad, que aprenderás. Al ver tu dulzura y tu humildad, tu esfuerzo por convertirte, también él se convertirá. Sin sermones, sino mirándose en ti como en un espejo.

Te parecerá que pierdes meses y años, que usas de paciencia con Luigi durante un tiempo infinito, que estás llevando una contabilidad en la

[d] El llamado *Eremo delle Carceri* (literalmente "Ermita de las Cárceles") es un santuario situado a cuatro kilómetros de la ciudad de Asís, formado por antiguas ermitas de época paleocristiana, a donde San Francisco y sus frailes se retiraban con frecuencia para hacer oración.

que el debe y el haber nunca suman cero, pero no es así. Ningún gesto de amor se perderá, ningún paso tuyo atrás dejará de transformarse en un paso adelante para vosotros dos, ninguna palabra inútil silenciada será añorada.

Es un camino difícil y quizás inacabable.

Te parece que eres la que da más — el papel de víctimas nos viene muy bien, en un instante nos ponemos el uniforme de ama de casa de los años cincuenta, falda de capa y permanente —, pero ¿estás segura? Probablemente, también a él le parecerá que la parte de camino que hace hasta encontraros es la más larga. Creo que, en estos casos, no hay que calibrar quién da más, sino quién puede dar más. Si todavía te sigues sintiendo una mártir, que sepas que en una vida los equilibrios pueden cambiar infinitas veces.

Además, tú crees que lo amas como él quiere y puede que, en cambio, lo estés amando como tú quieres. Tú le escribes notitas, sin embargo, él quiere que hagas algo concreto por él: invitar a cenar a su madre, por ejemplo. Tú quieres el ramo de flores, y él te dice que te quiere yendo a comprarte la pizza rellena de pulpo y tomatitos. Habla tú su lenguaje, el de los gestos concretos, y entonces él aprenderá a hablar el tuyo, el de las declaraciones de rodillas con sonido de violines.

Te quejas de que habla poco, pero ¿en qué planeta has vivido hasta ahora? ¿No sabes que un hombre emitirá una declaración sólo si tiene necesidad de darte alguna información útil y significativa? Lo intenté durante un añito, pero al final he renunciado a llevar a rastras a mi marido a participar en algunos tipos de conversaciones, como las que tienen que ver con la vida sentimental de los seres humanos. Si, a pesar de todo, sigo teniendo ganas de hablar con él, me basta con emitir una opinión decidida, y con gran probabilidad equivocada, sobre el 4-2-3-1 de la Roma o sobre la guerra de Afganistán para tener la seguridad de que voy a obtener una respuesta.

Es un esfuerzo de elasticidad continuo, y muchas veces te podrá parecer que tú has dado mucho, cuando en realidad has permanecido en tu egoísmo.

Yo, por ejemplo, tendría la casa siempre llena de personas; mi marido, llamado también Añade-Otro-Sitio-En-La-Mesa, reivindica la etimología de su nombre (que usa cuando vive en el bosque) y, en lugar de compartir el pan y la sal y redoblar la alegría, preferiría emigrar a una selva. Es bastante difícil alcanzar un punto de equilibrio, equilibrio que requiere la tolerancia de ambas partes. Calibrar quién de los dos es el que va más al encuentro del otro es difícil, también porque entretanto se han añadido cuatro sitios a nuestra mesa, y ésos son fijos, comida y cena, todos los días.

En caso de duda, sin embargo, obedece. Sométete con confianza.

Para mí, por poner otro ejemplo, todo tiene que estar programado, de modo que en la jornada quepa el mayor número de tareas posible, estilo flipper: cuantas más dianas tocas con la bola, más puntos ganas. Según mi marido, en cambio, las mejores ideas se ocurren cuando uno está aburrido, cuando está en el vacío, y tengo que reconocer que el sistema, a veces, funciona: como no tenemos nada que hacer en tres horas, se nos ocurre de repente ir a ver todos juntos *Candilejas* o los subterráneos de San Clemente, o jugar interminablemente a la pelota integrándonos también nosotras, las féminas, que de vez en cuando abandonamos la marca asignada para recoger flores, o inventar un juego nuevo, aunque el querido y viejo "Dime que estoy gorda, si tienes valor para decírmelo" es siempre el más popular. Digamos también que, de tanto en tanto, programar puede servir para algo, si es que hay que tener en cuenta a los pediatras, a los dentistas, las fiestas, los deberes, a los amiguitos, el catecismo, las facturas y las competiciones, pero estoy aprendiendo a ser un poco más elástica, cualidad suprema de cualquier mujer o madre.

Efectivamente, en breve la elasticidad te servirá todavía más cuando empiecen a girar en torno a ti no sólo tu marido, sino también los hijos. Su bienestar, su serenidad se sostendrá, al menos en parte, al menos hasta su anhelada autonomía (¡socorro!, ¿cuántos años faltan?), sobre tu capacidad de absorber sus malos humores, sus caprichos, sus cansancios, sus descontentos. No sé por qué, pero ese privilegio es todo nuestro. Los hijos, con nosotras, dan lo peor de sí mismos, y eso es archisabido. Por otra parte, ¿con quién te desfogarías tú, si no es con quien sabes que te quiere pase lo que pase?, ¿con quién te quitarías las máscaras, olvidarías todos los frenos y exhibirías todo el repertorio de tus peores bajezas, si no es con quien nunca podrá abandonarte (por ejemplo, con tu madre, o con tu amiga del instituto, que además sería yo)? "Escucha, ahora me toca quejarme un poco". Nosotras lo sabemos bien, las dos: cuando la llamada de teléfono tiene ese prólogo, sólo se debe escuchar, asentir ruidosamente, compadecer convincentemente, admirar exageradamente y no dar ni un solo consejo inteligente. Porque en esos momentos una no quiere soluciones, sino únicamente enérgicas y poco locuaces palmaditas en la espalda.

Los hijos aprenden esto de que estamos hablando alrededor de los tres minutos de vida: que nosotras siempre los acogeremos, y que, por lo tanto, un pañal demasiado lleno, un caramelo no concedido o unos deberes mal hechos — a según qué edad — se traducen invariablemente en represalias contra nosotras, en forma de caprichos, morros, llantos o insultos varios (el último en mi caso es "coronel fascista", me lo he ganado hace poco). Yo, de vez en cuando, pruebo a decir: "Muchachos, ahora mismo me voy a comprar tabaco", pero ninguno me cree, probablemente también porque no fumo.

Si me permites aventurar una previsión, Luigi también se aprovechará pronto de tu configuración blandita — aunque, si pesas cincuenta kilos, blandita lo eres sólo por dentro — para exteriorizar su contrariedad por las más diversas molestias que aquejan a la existencia humana, y que, no se sabe cómo, acabarán siendo todas, de algún modo misterioso, aunque evidentísimo para él, culpa tuya.

No te preocupes. No es nada, se pasa al instante. Intenta acogerlo incluso en esos momentos. Él tampoco quiere una solución, sino que tú lo animes, que le digas que valoras lo que hace y, si me lo permites, ya que conozco a tu marido y a un nutrido muestrario de la especie, que le consientas sin demasiados traumas retirarse a su caverna como un hombre primitivo, caverna que aunque con frecuencia adopta la forma algo más tecnológica de pantalla de ordenador, no ha cambiado sustancialmente. El reposo del cazador.

Por tu parte, tú no te quejes a él. Llámame a mí o a otra amiga, a una mujer, adviértenos preventivamente de que no le demos demasiada importancia, y comienza a lamentarte un poco. No lo hagas nunca con él, porque si te quejas, el hombre — no me preguntes por qué, habla con un psiquiatra o con un filósofo o con cualquier tipo de hombrólogo — intenta encontrar una solución práctica. Te sugerirá ampliar el horario de la tata o tomaros unas vacaciones, cuando lo único que tú querías que te dijera era que todo está bien así y que eres una heroína admirable e incomparable.

Y no empieces, que te conozco, a preguntarte si te has equivocado, si él era realmente la persona adecuada... El diablo — cuyo nombre procede de *diabalein*, dividir — lo hace profesionalmente. Quiere separarnos, a nosotros de nosotros mismos, a nosotros de Dios y a nosotros de la persona a la que hemos jurado fidelidad.

No es que tú te hayas equivocado, y tampoco él se ha equivocado. Es que acoger es nuestro carisma, guiar y sostener es el suyo.

Y tampoco pienso que sea un hecho cultural, no sé, habla de nuevo con el hombrólogo que hemos mencionado antes. Yo, no obstante, tengo una amiga muy querida que vive en Alemania, una genio, una cabeza superlativa. No la escuchaba desde hacía tiempo, y de vez en cuando me ponía a imaginar cómo sería su vida, completamente distinta de la nuestra, una pareja con roles intercambiables, él llevará el cochecito, ella irá a la sesión informativa o elaborará un proyecto. La llamé por su cumpleaños, y descubrí que había decidido quedarse en casa a hacer de madre, archivando su título de ingeniero electrónico. Enseguida estábamos compartiendo unas palabras sobre la dinámica de las familias; la suya y la de un porcentaje búlgaro de sus amigas teutonas transcurre en envidiadísimas (por mí) mañanas tomando té o en meriendas en zonas verdes que imagino más ordenadas que mi sala de estar. Y, aparte de que allí las calles están limpias y la gente respeta los aparcamientos con bandas rosas (para las mamás), no hemos observado ninguna otra diferencia entre nosotras dos que fuera digna de mención.

Querida Margherita, ¿qué más te voy a decir? Te prometo que velaré por ti, por tu felicidad, que desde ahora mismo has de empezar a construir, aunque te invito a ir buscándote ángeles custodios más poderosos que yo. Desgraciadamente, yo voy por delante de ti sólo unos pocos años, y continúo equivocándome siempre en las mismas cosas, con el riesgo de que me manden al desguace y la amenaza constante de que me sustituya una veinteañera. A cambio, más adelante, puede que tú me ayudes a explicarles a mis hijas que el cuento del príncipe que llega y te salva necesita alguna que otra puntualización...

Un beso de tu madrina, que está por vosotros y os anima.

C.

Nunca en mi vida hubiera pensado que iba a acabar apreciando los tediosos sermones que nos soltaba, sin que nadie se lo pidiera, la frutera del pueblo adonde íbamos de vacaciones, la señora Ciotola (es su verdadero nombre, no un sobrenombre debido a su conformación física cilíndrica).[e] Ni tampoco las perlas de

[e] En italiano, *ciotola* significa "cuenco", "tazón" o incluso "plato hondo".

sabiduría enhebradas por las señoras que tomaban el fresco con mi abuela a lo largo de la calle, al atardecer. A nosotras, frívolas, que empezábamos con las primeras pinturas y los hombros del vestido tácticamente caídos — no hace falta mucho, basta hacer un pequeño movimiento con la espalda —, nos dirigían miradas de desaprobación y suspiros que dejaban presagiar lo peor para nuestros destinos. La imagen de la mujer que evocaban en sus discursos, fuerte y silenciosa, capaz de sostener a toda la familia como el eje de una rueda sostiene todos los radios, me parecía menos plausible que Sigourney Weaver en la piel de la suboficial Ripley de *Alien* (estamos en los años ochenta). No me sostenía a mí misma, ¡me iba a imaginar sosteniendo a otros!

Después, afortunadamente, se crece, o se nos prueba; y no me gusta que ninguna de las dos abuelas haya podido conocer a mis cuatro hijos, hasta el momento crecidos llenos de manchas pero bastante incólumes, sin demasiados puntos de sutura. La abuela Gina, de todas formas, habría encontrado algo que criticar, dado que me he olvidado de cómo se hacía el ganchillo y que, en lo referente a economía doméstica, podría mejorar: "Mi madre sabe calentar muy bien los congelados", le dijo una vez Bernardo a un amiguito suyo para convencerlo de que se quedara a cenar. Pero las dos habrían apreciado sus notas de la escuela, sobre todo, la abuela profesora de francés, y su *pietas:* "Yo, de mayor, quiero ser santa — me dijo Livia —, puede que Teresa «Dalila»".[f]

Cuando veo mujeres que sufren en busca de su identidad, pienso a menudo en ellas, en las mujeres de otras generaciones. Ellas no tuvieron que buscar tanto, tenían un papel que desempeñar, se lo habían asignado. Algo que quizás las protegió, que

[f] La pronunciación de *Teresa d'Avila* ("Teresa de Ávila") podría confundirse fácilmente, sobre todo en boca de un niño, con *Teresa Dalila.*

hizo menos trabajosa la búsqueda personal. No me parecían infelices y, si lo eran, se lo guardaban para sí mismas. Si hubiéramos hablado de obediencia, nos hubieran entendido.

En cambio, ahora, pocas son las amigas cristianas con las que podemos contrastar con libertad nuestra idea del matrimonio. Porque, si estas reflexiones las compartimos con las amigas "del mundo", o nos insultan o nos compadecen o nos invitan a pedir ayuda psiquiátrica urgente. Eso se lo puede una imaginar. Lo extraño es que, entre cristianas, si empiezas a hablar de sumisión, piensen que estás bromeando. "No. Perdona. Pero, ¿qué quieres decir? Lo dices irónicamente, ¿verdad?". Ahora que los cristianos somos pocos — no será porque no nos lo advirtieron, con lo de la sal y lo de la levadura —, algunas veces, además, no nos esforzamos mucho en alejarnos de la *vulgata*, y no me refiero a la de San Jerónimo, sino al sentir común, que considera que la libertad, la autodeterminación y la voluntad propia son los valores supremos y los únicos intocables. Hablar de sumisión suscita reprobación, alarma, rebeldía, irritación y asco. Y no sólo a causa del pecado original, que nos hace odiar la idea de obedecer a alguien distinto de nosotros mismos, sino también a causa de esa cultura autárquica en la que todos, también los cristianos, estamos inmersos. Que, por otra parte, seríamos aquellos a los que se nos dijo que sirviéramos a los demás y que buscáramos los últimos puestos.

San Pablo, en la Carta a los Efesios, nos explica cómo se sirve al otro en el matrimonio. "Las mujeres [que sean sumisas] a sus maridos como al Señor, porque el marido es cabeza de la mujer, así como Cristo es Cabeza de la Iglesia, el salvador del cuerpo. Así como la Iglesia está sumisa a Cristo, así también las mujeres deben estarlo a sus maridos en todo". Esto no se atreven a decirlo ya ni siquiera los curas, por temor a ser lapidados por nosotras las mujeres.

Sin embargo, yo he visto, personalmente, en la vida de quienes han querido experimentarlo, que éste es el camino de la salvación. No el paraíso, que esperamos tener después, sino la salvación también aquí en esta vida, o sea, la paz, una vida matrimonial plena y gratificante.

Un camino que quizás también deberían intentar experimentar quienes no creen. Porque, como explica Pablo pocas líneas más adelante, lo que sigue después es esto: "Maridos, amad a vuestras mujeres como Cristo amó a la Iglesia y se entregó a sí mismo por ella [...]. Así deben amar los maridos a sus mujeres como a sus propios cuerpos. El que ama a su mujer se ama a sí mismo. [...] «Por eso dejará el hombre a su padre y a su madre, y se unirá a su mujer, y los dos se harán una sola carne»".

Será verdad que todas las familias felices se parecen — quién se atrevería a contradecir a Tolstoi —, pero tampoco veo que las infelices hagan gala de una gran fantasía: traiciones, pulsos, sutiles pruebas de fuerza, control de la energía puesta en juego, hice lo que pude, yo no, llamemos a un juez neutral.

Como de costumbre, la única palabra verdaderamente nueva sobre la cuestión viene de Dios. Cuando hablamos — en voz baja, para evitar el linchamiento — de sumisión, tenemos que salir del lenguaje del mundo, que interpreta todo desde la óptica del dominio, del poder. Nuestro Rey está crucificado, pero así venció al único enemigo invencible, a la muerte. Por tanto, también nosotros hemos de salir de la lógica del poder, darle la vuelta del todo. En primer lugar, porque la sumisión no procede del desprecio a uno mismo, uno no se decide a someterse porque piense que no vale nada. Y, además, porque el fruto de la decisión de la mujer será que el hombre esté dispuesto a morir por ella.

Cuando San Pablo le dice a las mujeres que acepten estar debajo, no piensa ni mucho menos que sean inferiores. Por el contrario, al cristianismo le debemos la primera gran reivindicación de la mujer. Para comenzar, la criatura más grande es una mujer. Y Jesús honraba a las mujeres, de un modo que llegaba a escandalizar. Se dejó ver por ellas por vez primera después de su resurrección; es probable, quién sabe, que los varones estuvieran en el estadio, dado que era domingo. "Prácticamente, antes del Espíritu Santo, San Pedro era un zoquete", resumió en una ocasión uno de mis hijos, con una visión un poco pintoresca, pero, después de todo, teológicamente correcta.

La sumisión de la que habla Pablo es un regalo, libre como todo regalo, porque, si no, sería una imposición. Es un regalo espontáneo de uno mismo, que se hace por amor. Renuncio a mi egoísmo por ti. Y si queremos hablar en términos de grandeza y pequeñez, de fuerza y debilidad, de poder, lo mejor es recordar que "quien quiera ser grande entre vosotros, que sea vuestro servidor". Así se calibra la grandeza de una persona.

"Quien tenga más inteligencia, que la use", nos decía mi madre de pequeños, esperando con este noble reclamo suscitar buenos sentimientos en nosotros, en los tres hermanos, cuando la emprendíamos a estacazos por motivos justificadísimos, como la elección del canal en la tele o la conquista de una bicicleta. Para que conste, el reclamo no funcionaba nunca.

La mujer no debe sentirse disminuida por esta invitación de San Pablo, al contrario.

El problema es que nosotras, durante muchos siglos y en muchas culturas, hemos sido "puestas debajo" no desde esta óptica de un don libre y espontáneo, sino desde la óptica del poder y de la fuerza, desde la lógica del mundo. Y, por eso, hablar de obediencia es hurgar en heridas que todavía no han cicatrizado. En este sentido, el feminismo tuvo el mérito de conseguir llevar a la práctica algunas aspiraciones de justicia en una época en que la justicia era escasa (y en muchas culturas no cristianas continúa ejerciéndose muy escasamente). Únicamente, que dio una respuesta equivocada y ha producido mucha infelicidad. Una nueva esclavitud en las mujeres que creen ser libres y que, en cambio, puede que hayan equivocado el objetivo.

"Hacia tu marido irá tu apetencia y él te dominará", dice el Génesis. Aquí se esconde una gran luz, un camino hacia la felicidad. Ya aquí, en esta tierra.

Por tanto, la mujer obedece porque sabe escuchar, no porque se desprecie a sí misma. Una persona humilde es la que sabe quién es, cuáles son sus riquezas y sus debilidades. Pero una cosa es que lo sepa y otra cosa es que lo vaya pregonando por ahí, porque, queridos hijos, aprovecho la ocasión para invitaros a no hablar demasiado sobre la desoladora repetitividad de mis menús y tampoco me parece estrictamente necesario que me llaméis en voz alta *"Dottoressa Panciaspessa"* delante de todos.[g]

De cualquier modo, cuando una mujer se pone debajo no para ser machacada, sino para acoger, le está indicando también al hombre su camino, y a toda la familia. La mujer precede al hombre, que necesita ser acogido.

Con una mujer así, que sea leal, que no sea una rival, que no quiera tomar el control de todo, dominar, que tampoco se haga la pavita, el hombre puede ser fecundo. Y, para comenzar, la idea de tener un hijo puede dejar de parecerle tan temible.

Amar las primeras, pero amar también hasta las últimas. A nosotras nos corresponde asimismo la tarea de continuar aman-

[g] Literalmente "Doctora Barrigagorda", una broma entre irónica y cariñosa de los hijos de la autora, que saben que le afecta por ser ella muy amante de su propia delgadez.

do, de mantener el fuego encendido en casa. Una fidelidad que puede llegar a ser indispensable en aquellos momentos en que el amor — que no es sólo un sentimiento, sino antes que nada un mandamiento — exige una decisión firme y segura.

Por ejemplo, hace falta una gran decisión para no traicionar el matrimonio cuando una es traicionada.

Nota Bene: La lectura de lo que sigue le está absolutamente prohibida a mi marido, y las nobles palabras que vienen a continuación se aplican a todos los matrimonios excepto al mío.

No obstante, decía, incluso una mujer que es traicionada tiene una posibilidad de defender ese amor suyo que está en serio peligro de muerte: puede permanecer fiel y continuar amando. Es una tempestad terrible, pero no es un naufragio. Es un jarrón que se rompe, y que nunca volverá a ser un jarrón nuevo, pero que aun después de la caída podrá resistir hasta el final. E incluso pudiera ser que lo herido y resanado acabe siendo lo más resistente, un punto de "partida nuevo". Nosotras, las mujeres, defendemos de esa forma la vida, llevando la cabeza bien alta cuando todo parece perdido.

Perdonar no quiere decir olvidar lo que ha sucedido. No es mirar hacia otro lado ante el dolor. No es quitar importancia porque al final bien y mal son indistinguibles. No es indiferencia. Es decidir poner coto al desorden, y hacer que venza el bien.

Las mujeres que consiguen hacerlo son las más fuertes, las más tenaces, las más capaces de amar; tienen la espalda ancha, son capaces de hacer el milagro necesario para superar una traición, curar la herida y buscar de nuevo la unidad.

No se puede decir lo mismo del hombre, porque el hombre y la mujer aman de modos diversos: la mujer con un amor específico, capaz de comprender la originalidad. El hombre puede ser frágil, y no siempre es capaz de captar las diferencias entre las mujeres.

Sólo estas últimas, en las situaciones más dolorosas, inextricables y desesperadas pueden dar la esperanza y seguir firmes para restituir el ánimo en todos. Pero, aun sin llegar a la traición verdadera, consumada, en acto, esa que pone en peligro de muerte la relación, son posibles muchas pequeñas traiciones.

Hay, inevitablemente, una fase en la que la rutina acaba por levantar un poco el barniz.

Probablemente, hasta la mujer de Robert Redford, y no me refiero al arrugado director del Sundance, sino a aquel hombre legendario que se convirtió por sí solo en el Gran Gatsby, al verlo deambular por la casa en calzoncillos y con unos calcetines de distinto color, hecho uno con el mando a distancia frente a un partido de los Lakers, sentiría la tentación de ponerse a mandarle mensajes de móvil al joven y atractivo frutero de West Hollywood.

Aun en estos casos, el amor funciona si uno se decide por lo que es exclusivo y definitivo y no va detrás de las emociones, de la propia satisfacción, de la parte instintiva, del deseo de experimentar emociones nuevas y sensaciones más frescas. ¡Qué tristes son la mayoría de las películas y de los libros contemporáneos: lamentaciones sobre la nada, aburridas tautologías, demostraciones de que obedeciendo al propio egoísmo se vive mal, no se descansa y uno no se sacia!

Granos de trigo que no quieren caer en tierra.

Celebraciones del "no me apetece", del "no tengo ganas".

Wojtyla les decía a las parejas con las que salía al campo en verano: "No digáis «Te amo», sino «Participo contigo del amor de Dios»". Una música completamente distinta.

Agnese,
o
El gran Lebowski que hay en él

Querida Agnese:

Menos mal que tú también eres de los nuestros. Que eres una persona normal.

Bueno, será que están empezando, nos decíamos nosotros dos mirándoos a vosotros desde nuestros asientos de platea, sentados en medio de nuestras vidas ordinarias, entretejidas de míseros problemitas: el fontanero que se va en su todoterreno dejándote con el baño roto ("Vuelvo mañana, señora, está roto". No, perdone, eso ya me lo podía haber dicho yo sola, y gratis), la varicela de los niños con su efecto dominó o el hijo con puntería de tirador de precisión de la CIA que siempre sabe encontrar el momento oportuno para decir lo que más te pone de los nervios ("Mamá, en mi opinión, como eres periodista, hablas de cosas que no entiendes").

Nosotros, globalmente felices, más o menos, pero cansados, a veces también preocupados, y con la ropa arrugada. Vosotros no. Una pareja perfecta, etérea, ni siquiera rozada por los imprevistos que aquí abajo, en la vida real, hacen que a veces uno camine con poca elegancia, renqueando, dos pasos hacia delante y uno hacia atrás.

En vuestro mundo de primera, por el contrario, no se perdía la imperturbabilidad señorial por pequeñeces del estilo de que falte algún sello en un documento el día que toca ir al notario para escriturar una casa que acabas de comprar, o de que haya un embotellamiento en la ciudad el día que llega el nuevo jefe.

Capaces de pasar horas interminables uno junto al otro leyendo en silencio, o de hablar de política y de teología, o de literatura; de practicar tu juego favorito, el casting, asignando a las personas que conoces los papeles de los protagonistas de algunas novelas.

Un inciso. He decidido tomarme a bien el hecho de que durante las vacaciones después de la selectividad, cuando teníamos las dos dieciocho años, tú, Agnese, me asignaras a mí el papel del Idiota. Eres una idiota, pero en un sentido elevado, me decías para tomarme el pelo. Eres la musa de Dostoyevski. En cualquier caso, me gustaría puntualizar que desde entonces han pasado veinte años, y he comprendido algunos pormenores acerca del mundo, me he adaptado un poco.

Parecía imposible veros discutir a los dos; como máximo un poco de vehemencia, siempre a propósito de cuestiones nobilísimas, por favor, como la reforma litúrgica posterior al Concilio Vaticano II, mientras que las parejas normales se inflaman discutiendo sobre la forma de colocar las cosas en el lavavajillas (y, no obstante, yo lo hago mejor). Vosotros no, por encima del vulgo y enamoradísimos.

Es cierto que en aquella época la incomodidad más punzante que podía afligiros era decidir qué hacer durante la noche, si cenar en el ghetto o ver una comedia, algo que tú adoras y que Pietro detesta. Son problemas, efectivamente.

Después llegó el primer niño, y aguantasteis muy bien. Una remodelación de gobierno, pero no hubo que acudir a las urnas.

Entonces, el segundo en dos años — junto con tu ascenso, anhelado pero llegado en el momento menos oportuno, con un recién nacido y un niño de dos años en casa — te hizo aterrizar. En ese tiempo, según me cuentas, las únicas ocasiones en que Pietro y tú os sentabais uno junto al otro era cuando él te llevaba en coche al trabajo, en el supuesto de que hubiera llegado a tiempo la tata peruana, buenísima, pero con una concepción sudamericana del reloj, un instrumento que como máximo hace sugerencias, pero que no da informaciones precisas (¿habrá relojes solares de pulsera?).

Los análisis de los escenarios mundiales políticos y económicos fueron sustituidos por descarnadas comunicaciones domésticas: comprar trescientos gramos de carne picada; la cita para la vacuna es a las nueve y media; el recibo del seguro está en el estante.

Estás cansada, y digamos que, cuando finalmente desciende el silencio sobre la casa, si es que desciende, tu primer pensamiento ya no es escribir para tu hombre cartas de amor en papel de Florencia. Cuando estás al límite, te gustaría darte una ducha.

Tu marido, por su parte, por decir sólo lo último, se olvidó de vuestro aniversario, pero yo creo que se lo puedes perdonar, puesto que él había comprado las entradas para el deseado concierto de Tom Waits, sólo que se equivocó de día y mientras Waits, con su voz ronca, hacía enloquecer al público, él daba cabezadas en el sofá.[a]

Últimamente, he llegado a ver cómo te tirabas de los pelos, desde la frente hacia atrás — tu gesto de nerviosismo desde los tiempos de los exámenes orales de física, signo inequívoco de que no habías estudiado —, y es que te saca de tus casillas la descoordinación de Pietro, su capacidad casi sobrenatural para chocar con todo lo que se va encontrando a su paso. Su ineptitud para cualquier contacto social que implique la más mínima articulación de la palabra. Su undívaga

[a] Tom Waits (1949) es un compositor y cantante estadounidense, que se ha hecho famoso por sus ásperas canciones, basadas en letras de autores como Charles Bukowski y Jack Kerouac, interpretadas con una voz peculiar, que algún crítico ha definido como "metida en un depósito de *bourbon*, después de haber sido ahumada durante unos meses, y luego sacada para que la aplaste un coche".

propensión a la ayuda doméstica, que lo hace pasar de un nivel básico de escaqueo insolente a picos de entusiasmo creativo (reordenar los cd's por géneros musicales), sin que, no obstante, llegue a hacer jamás lo que tú necesitarías que hiciera (preparar la sopa).

La energía de propulsión que puso en órbita a vuestro satélite se ha agotado, aunque su duración ha sido un poco mayor que la media. Ha hecho bien su trabajo. Esa energía tenía que acabarse, si no, hubierais salido fuera de órbita. Ahora, sin embargo, *the best is yet to come*, como diría Frank Sinatra.[b] Crees que ya has visto el sol, pero todavía no lo has visto en todo su esplendor.

Ahora viene lo verdaderamente bello, porque lo que has visto hasta el momento no son más que los centelleos del enamoramiento. Lo bello ahora es transformar eso en un sol que queme, estable, fuerte como la muerte.

Es un trabajo duro, cotidiano, oscuro, silencioso y, en su mayor parte, incomprendido, que al principio, como de costumbre, te incumbirá sólo a ti, que eres la parte más delicada y sofisticada del matrimonio, pero también la que, de algún modo, siempre encuentra la chispa para ponerse de nuevo en movimiento.

Y el nombre de este trabajo es obediencia. Obediencia a la promesa que hiciste, al hombre que elegiste. Una sumisión creativa: obedecerlo pero creativamente, intentando ver con los ojos de la esperanza por dónde puede ir vuestro amor, qué aristas se pueden suavizar, qué defectos podéis corregir y cuáles soportaros, con ironía y resignación.

Con esperanza, porque hay momentos en que el único modo que queda para mirar es el de la segunda virtud teologal, la única mirada posible.

---

[b] En efecto, *Best is yet to come* ("Lo mejor está todavía por llegar") es una de las más célebres canciones del cantante ítalo-americano.

Yo, por ejemplo, espero con confianza granítica a que un día mi marido se convierta en un ser sociable y hablador, que me permita invitar a cenar al menos a una cuarta parte de las personas que yo quisiera, y que las reciba como Cary Grant, con un cóctel en la mano y bromeando brillante y elegantemente. Un marido así es irreal, está claro, como asimismo esos que esperan pacientemente a su mujer fuera del probador y dan preciosos consejos como: "Los colores cálidos no van con tu cara, querida". Es obvio que ese tipo de marido, después, te acompaña a casa y se va con la moldava de veintitrés años.

Entonces, mejor enfrentarse a los defectos cuando se comienzan a ver. Todavía no he encontrado ni a una sola pareja a la que no le haya llegado ese momento. Quedabais sólo vosotros y, francamente, incluso me fastidiaba un poco.

Sabed que no estáis solos, más bien, si acaso era antes cuando estabais solos. Ese cansancio forma parte del paquete, aunque no se le dé toda la publicidad necesaria en el momento de la compra. Puede que sea una cláusula que viene en letra pequeña, o escrita en el incomprensible lenguaje que usan los bancos: el índice de la tasa de encanto del cónyuge con el que hoy establece usted el vínculo arriba citado se calculará, antes de impuestos, a partir de la media trimestral europea (sobre 360 días) y se disminuirá en un 1,020% anual, referido a la duración del año civil (denominador 365 / 366). A fin de año, si no estás atenta, sin saber cómo, siempre has perdido un poco.

Es un secreto que no se cuenta, para no perder clientes. Todos somos cómplices, también los autores de los fábulas.

¿Te has preguntado alguna vez por qué los cuentos acaban con "y fueron felices y comieron perdices"? Después de cruzar el umbral con ella en brazos, ¿qué hace el príncipe?, ¿se quita la chaqueta bordada de armiño, las botas y se deja caer en el trono?

Sólo me viene a la cabeza un cuento que se atreva a contar de otra forma el día del matrimonio, el de *Shrek*, y de hecho por algo tanto él como ella son ogros: así se pueden poner en evidencia todas sus bajezas, las mezquindades de carácter y las funciones fisiológicas más repugnantes. Una cotidianidad principesca no parece creíble.

Y tampoco es que las comedias hayan inventado gran cosa desde Aristófanes en adelante, por tanto, desde hace unos miles de años. Situación inicial aparentemente tranquila, irrupción de la novedad, después la dificultad o el equívoco o la confusión que sea y la solución final. Cuando las cosas empiezan a transcurrir con normalidad la comedia se acaba. No parece plausible una cotidianeidad apasionante.

No obstante, es posible. Hay un secreto, que el mundo no conoce, para convertir en una vía luminosa nuestra cotidianeidad hecha de tedio, rutinas, incomprensiones y tocamientos de narices (de todas formas, si algún día llegara a ser muy rica, antes de darle a los pobres, por eso del ojo de la aguja, me gasto un poco en un chófer, así me las arreglo para ir al trabajo, a misa, al atletismo, al baile, al catecismo, al fútbol, y entretanto me depilo las cejas, porque bastan tres días de descuido y tiendo a parecerme peligrosamente a Brezhnev).

El secreto se llama sacrificio: el cansancio, en lugar de ser un obstáculo, es otro nombre del amor; no es algo que frustre el amor, sino que lo hace crecer. El amor no se consume con la fatiga, el amor crece.

Y no me digas que para comenzar debéis hacerlo los dos: eso no me lo esperaba de ti. Debes estar agotada, "en las últimas", como se dice en Roma. Porque tú sabes que el amor, "que a todo amado a amar obliga",[c] se provoca precisamente así, no hay otro modo: dando libremente, sin volverse atrás. Si no, no es amor, es un contrato. Y entonces, búscate un mayordomo.

[c] El verso 103 del Canto V del *Inferno* de Dante dice literalmente: *Amor, ch'a nullo amato amar perdona* (literalmente, "que a nadie amado, amar perdona"). Es el verso que cita la autora.

Me dices, muy púdica, que de vez en cuando te asalta alguna duda. Te traduzco, yo que no tengo miedo. Hay días en que te preguntas si te has equivocado completamente. Si elegiste a tu marido en un momento de fragilidad. Si no lo conocías bastante. O si eres tú la que has cambiado.

Echa fuera esos pensamientos diabólicos. Yo, que os veo desde fuera, te digo que éste es el Hombre Adecuado. Sin duda. Y también te digo que esas dudas también forman parte del paquete matrimonio. Le he arrancado confesiones de ese tipo a personas que tienen vidas matrimoniales de manual, a parejas de monumento, de esas que en tu museo personal interior están en la vitrina central de la sala roja, con el damasco y el cordón rojo alrededor.

Mi tía Lucia estuvo prometida y casada con mi tío durante medio siglo (no lo habrías adivinado, no demuestra más de cincuenta años). Los veía siempre juntos, siempre alegres y en armonía. Quizás no sepas que él murió hace poco. "¿Y no has tenido nunca ninguna duda?", le pregunté mientras lo recordábamos juntas. "Sólo te digo — me respondió — que cuando desde fuera ves una familia feliz, con todos los hijos sentados a la mesa, perfectos y obedientes, la madre y el padre sonrientes, que sepas que con seguridad han puesto una cortina en la ventana. Son personajes de cartón, con una musiquilla de fondo y risas enlatadas. Detrás, seguro que hay alguno que está pensando «Ahora cuento hasta diez antes de responder». Y algún otro que no lo consigue. Pero incluso tras la cortina de *happy family*, se puede querer seriamente".

Al toparse con la cotidianeidad, con la rutina, con los quebraderos de cabeza, con las cargas que hay que llevar, no hay príncipe (ni princesa) que no se transforme en sapo. Al contrario que en el cuento. Y tú que creías que ibas a transformarlo con tu beso, haciendo que aparecieran la corona y el armiño. Entonces, precisamente entonces, es cuando tenéis que cambiar de marcha en vuestra historia. Es lo único que se puede hacer.

A no ser que tú te pongas a cultivar recuerdos, recuerdos en los que los hombres del pasado aparecen todos envueltos en un halo de perfección.

No me digas que ahora me vas a salir de nuevo con aquel médico que conociste en Boston durante el doctorado, que yo creo que tú te fabricaste casi todo en tu calabaza: os tomasteis juntos tres o cuatro cafés, y aunque para meterte dentro esa bazofia de Starbucks — el *iced frappuccino giant size cinnamon flavour* — necesitas una hora, me parece demasiado poco tiempo para que sigas pegada a aquello como una lapa, para que continúes soñando con él a intervalos regulares cada diez años.

O puedes empezar a dar rienda suelta a tu fantasía, a inventarte historias con personas que en realidad no conoces y a las que puedes moldear a tu gusto, de todas formas qué importa, sin tener el inconveniente de enfrentarte a la realidad, que al final es un embrollo, un desagradable quebradero de cabeza.

Hay también, aunque ésa es habitualmente la actitud que adoptan los hombres, quien comienza a volcarse en el trabajo, fuera de casa, para no tener que trabajar, más bien, en una relación que no funciona, como si existiera alguna relación que funcione sin mantenimiento.

Nosotras, las mujeres, corremos a veces el riesgo de escapar de nuestros maridos dedicándonos a los hijos en cuerpo y alma, y este riesgo es más furtivo, porque ¿quién podría acusarte de ser una madre demasiado dedicada? Mientras que vigilar el corazón, para que no palpite por otro hombre, es más fácil, los hijos pueden ocupar el lugar del hombre sin que una ni siquiera se dé cuenta.

Y además, obviamente, están las traiciones. Es una de esas cosas que no puedes preguntar cuando te encuentras con las antiguas compañeras de instituto, pero ¿cuántas de ellas (o cuántos de ellos), en estos veinte años, han logrado tener la lucidez de comprender que la rutina y los calcetines por el suelo les tenderían también una emboscada con cualquier otro, incluido el fascinante dermatólogo de los niños, de espalda ancha, chiste preparado y fácil cumplido? Mira cómo está ahora Claudia por no haber tenido esa lucidez.

¿Y cómo te explicas que una pueda aceptar la desolación de los encuentros clandestinos, la infinita tristeza de volver a casa con los hijos, carne de la carne y sangre de la sangre de dos personas, y no poder mirarlos a la cara por el miedo a desvelar que ya no existe el motivo por el cual nacieron?

Puede que uno se engañe pensando que puede controlar la situación y, de hecho, hasta cierto punto se puede volver atrás. Pero ese punto se supera en un instante.

Guido, por ejemplo, siempre dice que habría debido echarse atrás después de nuestra primera cita, cuando en la cena hablamos del coche que entonces yo me tenía que comprar. Para mí, sólo había un requisito importante: que tuviera espacio para un carrito en el portamaletas, y eso que apenas nos conocíamos. "Tendría que haber comprendido inmediatamente que me vería rodeado de niños". Él sostiene que, realmente, todavía está a tiempo de dejarme, pero te queda poco, querido, después de los cuarenta no, no es leal: ¿quién me recogería, cerca ya de la descomposición y con cuatro hijos?

Por consiguiente, Agnese, no me hables de tus compañeros de estudios, porque no quiero saber nada de ellos. No existen. No puedes confiarles si discutes o no con Pietro, no te me hagas la tontita. Nada de medicuchos americanos en Facebook, ni siquiera cuando Pietro va a tirar la basura como el gran Lebowski, con los pantalones medio caídos, la panza fuera y los zapatos en chancla.[d] Otra posibilidad que

[d] *El gran Lebowski* es una película que los hermanos Coen estrenaron en 1988. El protagonista, que se hace llamar *The Dude* ("el tío fino" o "el nota"), interpretado por Jeff Bridges, es un vago redomado, jugador de bolos, bebedor empedernido y fumador de marihuana.

tienes es hacer que vuestra relación dé un salto de calidad. Recomenzar a trabajarla, ahora que no todo se da por supuesto.

De hecho, te aconsejaría que antes que nada empezaras a trabajar en ti. Últimamente estás tan simpática como una notificación de Hacienda. Será porque te alimentas sólo de apio, y yo te diría que puedes esperar unos meses para volver a ponerte en forma después de dos embarazos, de todas formas este año ya te has quedado fuera de la selección para miss Italia.

Será verdad que estás cansada, pero tu perfeccionismo te impide pedir ayuda; yo revisaría el horario de la señora que te echa una mano en casa.

Serán las hormonas, que han aguzado tu arte, tu creatividad, tu resistencia de triatleta en esa actividad que desde hace tiempo cultivas con tanta profesionalidad y competencia: la lamentación.

Así que, mientras te quitas la viga, deja tranquilo el ojo de Pietro, porque, según creo yo, su brizna puede quedarse donde está. Más bien, pregúntate qué otro podría soportarte, a ti que algunas veces eres tan ágil como bailar con esquíes. Pregúntate qué otro podría sujetarte, a ti que eres tan equilibrada como una diva de Hollywood en fase crepuscular después de descubrirse una nueva arruga. Pregúntate qué otro podría tolerar algunas de tus gravísimas psicopatologías, como la que te indujo a hacer que tu marido estuviera dando vueltas por una docena de tiendas de tapicería hasta encontrar el matiz exacto de verde petróleo sin el cual tu casa hubiera parecido irremediablemente vulgar.

Digamos la verdad: ser tu marido, a veces, es un deporte de riesgo.

Entonces, frente a la sabiduría de quien no tuvo hijos, trabajo, marido, casa que llevar ni días de veinticuatro horas de sol — ése es el problema —, y escribió que amar no sería mirarse a los ojos, sino mirar juntos en la misma dirección, yo os diría que reencontrarais, y rápido, el modo de miraros también a los ojos, de vez en cuando.[e]

Organízate, exprime a los abuelos, tómate unas vacaciones, olvídate un poco de la casa, sal con Pietro, colócalo bajo una buena luz y míralo un poco, sobre todo para que te acuerdes de por qué te casaste con él.

Además, como ya te he dicho, estate atenta a no exponerte a esas situaciones de *allumeuse* que tan bien te sientan.[f] Tanto porque sabes bien que eres muy guapa como porque dentro de poco las dos seremos piezas de coleccionista, rarezas para apasionados de los modelos de época, de esta época que dices que todavía es la tuya, sobre todo cuando tienes tiempo para abrir el armario y no ponerte lo primero que caiga al suelo cuando abres la puerta.

Y, sólo un instante antes de adoptar el tono de "esta noche hacedles un caricia a vuestros niños", un último consejo: evitad hacer dos vidas paralelas.[g] Un riesgo concretísimo cuando trabajan los dos y se quiere estar con los hijos. Mantened espacios comunes, aun cuando, a veces, hacer las cosas los dos juntos sea más trabajoso que hacerlas solos. Es verdad que con tus modos y tus tiempos te las arreglas mejor. De hecho, no te digo que hagáis una reunión de dirección cada vez que haya que cambiar una bombilla, pero tenéis que compartir alguna

[e] Se alude aquí a Antoine de Saint-Exupéry: "La experiencia nos enseña que amar no significa en absoluto mirarnos el uno al otro, sino mirar juntos en la misma dirección" (*Tierra de hombres*, en *Obras completas*, Plaza y Janés, Barcelona, p. 324).

[f] *Allumeuse* (en francés en el original) es un término que significa literalmente "encendedora" o "explosiva" y que se aplica de forma despectiva y familiar a una mujer incitante.

[g] La frase entrecomillada la pronunció el Papa Juan XXIII en el llamado "discurso a la luz de la luna", la noche del 11 de octubre de 1962, cuando una semana antes de la inauguración del Concilio Vaticano II se dirigió a una multitud que rezaba por los padres conciliares. Una de las últimas frases del discurso, cuando el Papa ya estaba muy emocionado, fue: "Ahora, al regresar a casa os encontraréis a los niños. Hacedles una caricia a vuestros hijos y decidles: «Ésta es la caricia del Papa»".

tarea, tenéis que conservar alguna actividad que hagáis los dos: no es algo que, como pueda parecer, ocurra por sí solo.

Mira que yo, como dice Roz, la babosa de *Monsters*, te estoy vigilando (pero siempre con cariño).

Tu amiga,

C.

Hay un sacerdote en Perugia a quien deben mucho muchas personas. Se llama Ignazio Zaganelli, para nosotros Doni. Es verdad que tiene una capacidad de captar matices parecida a la de un recién nacido a las dos horas de vida, que sólo distingue luces y sombras. Dispara desde el ambón juicios tan nítidos que, cuando se da la vuelta, uno comprueba si, por un acaso, despuntara por debajo de la casulla una espada de fuego. Yo, que soy de natural granítico, en comparación con él, me parezco a Mariano Rumor, parezco una página del *Corriere della Sera* de los años cincuenta.[h]

Sin embargo, para nosotros, niños que íbamos al catecismo con él, resultaba muy tranquilizador tener aquellas certezas sólidas, carentes de aristas, nunca oblicuas. Nos bebíamos sus palabras con alivio; con él siempre sabías de qué parte estaba la

[h] Mariano Rumor (1915-1990) fue un dirigente democristiano italiano que llegó a ser primer ministro en varias ocasiones. La referencia de la autora alude probablemente a la personalidad y forma de actuar de este político italiano, al que llamaban el "pío Mariano". Se le atribuía un aspecto clerical que, unido a una voz suave que jamás alzaba el tono y a una escucha atenta y sincera de sus interlocutores, hacía que incluso a los adversarios les resultara agradable su conversación. La referencia al diario milanés de ideología democristiana y a la época de los años cincuenta (justo después de la Segunda Guerra Mundial), probablemente se deba al afán conciliador que exhibía en aquellos años convulsos.

verdad, algo que, de pequeños, era agradable tener delimitado rápidamente y sin esfuerzo.

Después llegó la adolescencia, la presunción de saber una o dos cosas, las ganas de oponerse y los suspiros de impaciencia durante sus homilías.

Al final, nosotros, sus feligreses, decidimos que no podíamos pasar sin él, y de hecho, a fuerza de oraciones, impedimos que muriera de un infarto.

En la boda de una prima mía decidió ignorar por completo al novio, y dirigirse exclusivamente a ella durante los cerca de cuarenta minutos que duró la homilía. Ahora depende todo de ti, querida novia. De la mujer, en primer lugar, es de la que depende la vida o la muerte del matrimonio. Sé buena, dulce, con un corazón abierto. Sumisa no en la lógica del dominio, y por tanto de la violencia y la obligación, sino en la del servicio espontáneo, voluntario. Dispuesta a anticiparte a los deseos, dispuesta a acoger.

Conforme Doni iba hablando, la sonrisa de la novia iba desapareciendo — ¿en qué berenjenal me estoy metiendo? — y la del novio se iba convirtiendo en una risita sarcástica: Yo también estoy aquí, ¿me ha visto usted? En cuanto a los invitados, competían para ver quién resoplaba con más impaciencia, aparte de aquellos que, como yo, aprovechaban la jugosa ocasión para echar un sueñecito en el banco de madera, por mucho que lo hubiera diseñado un sádico (cuando se tiene un recién nacido propenso a los gases se puede dormir en cualquier posición). "Ese tío está loco", fue el comentario más benévolo que se pudo oír después a la salida de la iglesia.

Ciertamente, como es notorio, Doni no tiene el don de la mediación, considera que las matizaciones constituyen una enojosa inutilidad, pero también en aquella ocasión tenía razón. Éste es el momento histórico de salir de la lógica de la dominación, que también para Ratzinger es una perversión de la relación hombre-mujer, y no sólo para todas las Lidias Ravera y las Natalias Aspesi del periodismo.[i] Sólo que el mecanismo de la dominación no se desquicia con la lógica de la emancipación, que si se mira bien es la misma que la de la dominación, es una especie de venganza. Se sale de dicho mecanismo con la lógica de la mansedumbre.

Amarse para siempre es dificilísimo, casi imposible. Nosotras, que somos más generosas, más acogedoras, más aptas para coser, para tejer, para hacer sitio al otro, para mantener la unión, debemos hacerlo las primeras.

Y el mismo Pablo de Tarso que nos invita a la sumisión, dice que llegará un día en que ya no habrá ni hombre ni mujer. La mansedumbre es, por tanto, la curación de una relación de dominio que ha marcado a los dos sexos durante toda la historia y que, al final de la historia, ya no existirá. "Reaccionaria, integrista, papólatra, portavoz de la opresión religiosa masculina y machista, cancerígena y contaminante como las antenas en forma de cruz de Radio Vaticano". Me adelanto a las críticas que recibiría si alguien leyera estas líneas; críticas extraídas de una intervención efectuada en el congreso "El sujeto lésbico", que he leído con gran provecho y cuyo objetivo es invitar a las mujeres a una "cólera furiosa y pecaminosa", considerada como la única liberación posible.

Seré reaccionaria, pero veo una gran soledad en las mujeres que han decidido dejar de acoger, y también entre los hombres oprimidos por ciertas relaciones que parecen disputas contractuales.

[i] Lidia Ravera (1951) es una escritora, periodista, ensayista y guionista de cine piamontesa. Natalia Spesi (1929) es una escritora y periodista milanesa. Ambas han destacado en el ámbito público por su militancia feminista.

Soy contraria a la paridad entendida vulgarmente, no quiero un marido mayordomo, cada uno debe hacer lo que sabe hacer. El único deber es la sonrisa. Cuando empiezo a esbozar este modo mío de ver las cosas, si hay un hombre que participa en la conversación, me pregunta si acaso no tendré una amiga para presentársela. Desgraciadamente, mi tasa de éxito como Cupido anda en torno al uno por ciento.

Y si encontrarse es ya una especie de milagro, un matrimonio indisoluble parece fruto de complicadísimas conjunciones astrales, de esas que se presentan una vez cada tres siglos.

No obstante, en buena parte es cuestión de voluntad.

La espontaneidad no puede ser un estilo de vida o una vara de medir. Y, en cierto momento, la emoción ya no encaja mucho en el amor, o al menos no puede ser dominante.

Aunque sí parece serlo así, dominante, casi por doquier. En la comunicación, en casi todos los periódicos y telediarios, que claman invitando a no usar el cerebro, y también en el cine. *El club de los poetas muertos*, que hace años fue un acontecimiento, al final, si se piensa un poco, no es más que una exaltación de la emoción como fin en sí. Pero la emoción es un modo, un canal de comunicación, no un contenido. ¿Cómo se puede sostener todo sobre ella?

La indisolubilidad del matrimonio te cierra todos los demás caminos, pero te abre una autopista. Comienzas a esforzarte en amar también los defectos, no se los echas en cara, sino que los acoges. Ya no te planteas el problema de si la situación te agrada o no, sino de cómo hacer que las cosas funcionen, dado que tienen que continuar adelante, a toda costa.

Entonces empiezas a vivir lo ordinario (incluidos quebraderos de cabeza, costumbres que te sacan de quicio, diferencias y aburrimientos) con amor, transfigurándolo. Y cuando comienzas a donarte, se te ocurre pensar que es tan bello vivir así que casi te preguntas dónde está el supuesto engaño. No lo hay.

Distinguir enamoramiento y amor no significa renunciar a los sentimientos: puedes seguir experimentando un vuelco en el corazón después de las innumerables lavadoras y las cuotas mutuas de tareas compartidas. Porque, a veces, sentimiento y voluntad están juntos, como también conviven la renuncia a la propia comodidad y el placer, contrariamente a todo lo que nos quiere hacer creer la cultura dominante.

Las parejas que funcionan, que aprenden a donarse, no renuncian al placer. Sólo que, a veces, han de tener la paciencia, el tiempo y el empeño para buscarlo, para encontrar la pulpa entre la corteza de las complicaciones de la vida. Una tarea bellísima de la que se priva el que vive de los primeros encuentros, el que quiere su propia historia de amor al margen de las bajezas de lo cotidiano. Que supuestamente debería ser un modo de vida dorado y felicísimo, libre y liviano, pero que yo, esa felicidad, en quien por fin se ha liberado, no la veo por ningún sitio. Por el contrario, haber banalizado el sexo no le ha hecho mucho bien. Sin el sentido del límite, de lo prohibido, sin la sacralidad que venía del "riesgo" de concebir, sin la dificultad propia de conquistar algo, desde el momento en que es algo accesible desde muy jóvenes, con extrema facilidad y sin empeño alguno, no ha quedado mucho de él.

De todo eso, nosotras, las mujeres, somos más responsables que los hombres. Creyendo emanciparnos nos hemos vendido por un plato de lentejas: hemos adoptado el modo masculino de concebir la sexualidad. Éramos las guardianas de la vida, ya no lo somos. Nos hemos emancipado, es verdad, ya no dependemos de nadie. Sin embargo, corremos el riesgo de perder la dedicación recíproca total que nosotras queríamos, que pretendíamos. Que está inscrita en nuestra carne.

Y el problema es que, a cambio de la libertad obtenida, las primeras en sufrir somos nosotras. Sufrimos nosotras y sufre todo el mundo, porque si no lo hacemos nosotras, ¿quién custodiará el amor por la vida?

Elisabetta,
o
Estamos en misión por cuenta de Dios

Querida Elisabetta:

En algunos casos, una prueba de embarazo positiva es algo tan agradable y deseado como una patada en los dientes. Me hago cargo de la situación. Tienes razón. Tu chico, que a veces parece tener doce años, la casa, el trabajo y todo lo demás. Es verdad todo.

Pero estas condiciones — digamos que ¿no óptimas? — no son nada comparadas con ese "asuntillo" que ya late dentro de ti. Puedes dar la vida. Mejor dicho, puedes dar el consentimiento para que la vida salga a la luz. Pero, sin tu consentimiento, no se hará nada.

Hay una persona muy pequeña que necesita que tú te hagas un poco más grande, un poco más fuerte, y que la defiendas. ¿Qué quieres hacer?

Si tienes miedo de perder tu vida, es verdad: la perderás. Desde hoy y durante algunos años tendrás que custodiar la existencia de otra persona en todos y cada uno de los momentos del día y de la noche. Pero, a cambio, la recobrarás, tu vida, mucho más rica, más plena, más feliz.

Si, en vez de eso, las preocupaciones que tienes son sólo de tipo práctico, te digo antes que nada que "cada niño viene con un pan bajo el brazo", y esto es totalmente cierto. Puedo dar testimonio.

La providencia existe. Dios cuida de nosotros, sobre todo cuando decimos sí a la vida, y nos fiamos de Él, sin hacer demasiados cálculos, sin apoyarnos sólo en nosotros.

De hecho, cuanto más te abandonas, más te da Él. No pretendo que hagas como Madre Teresa que, cuando le convenía alguna casa para los pobres, se plantaba delante, le arrojaba una medallita de la Virgen y rezaba, y unos días más tarde se la regalaban. Ella era una santa de primera división. Pero, también nosotros, cada vez que ha llegado un niño, nos hemos quedado asombrados de cómo se arreglan las cosas al final.

Sacarás de ti recursos — económicos, físicos, intelectuales, espirituales — que ni siquiera pensabas que tenías: te vendrán valentía, audacia, fantasía y, en ciertos casos, energías sobrehumanas. Está escrito dentro de nosotras, los hijos son el futuro. Y aunque ahora te parezca no tener instinto materno, aparecerá cuando tengas al niño entre los brazos. Sé muy bien que, hasta hace días, cada mocoso que veías hacer sus caprichos te recordaba ese anuncio inglés en el que una escenita histérica de un niño era interrumpida con el rótulo *"use condom"*, pero estoy segura de que tú responderás a esta llamada de la vida, que evidentemente ha decidido fiarse de ti. No conozco a ninguna madre que se haya arrepentido de haber tenido un hijo, y sí que conozco a algunas que sufren por no haberlo tenido. Por lo tanto, ni siquiera lo pienses. Desde el momento en que la prueba de embarazo da positivo, tú ya eres madre.

Ahora se acabaron las indecisiones.

Tienes que defender a tu hijo como una tigresa, también de quienes quieren hacer que veas el embarazo como una enfermedad, y como algo que se puede controlar hasta en su más mínimo detalle.

No estás enferma, sentirás algunas náuseas, eso sí. "¿Quieres vomitar mejicano o kosher?", me preguntaba mi marido en una ocasión en que rodábamos un documental en Nueva York, ciudad en la que puedes hacerlo tranquilamente en la misma Quinta Avenida, sin que nadie se vuelva siquiera, el taxista se aparta a un lado y vuelve a arrancar sin inmutarse. *"I'm pregnant"*, intentaba explicar, *"I'm not drunk"*. Para una señora, la reputación es algo muy importante, aun cuando no esté en su mejor momento.

Podrán aparecer otras molestias, lo admito, aunque alguna loca que yo conozco ha corrido maratones y escalado montañas con el barrigón. Yo te diría que no tienes que tomar precauciones especiales, salvo las que dicte el sentido común, por ejemplo, no hacer puenting en el Pirellone, no inscribirte en campeonatos de motocross y, probablemente, no hacer tampoco como yo, que una vez rompí aguas durante una carrerita.[a] La noticia (todavía no estaba recuperada, y se lo dije) hizo que el médico, que al principio me había escuchado con aséptica profesionalidad en el hospital, perdiera el aplomo (me roció una buena granizada de insultos en dialecto cerrado de Perugia). Porque aquello no estaba programado, porque nada fue como estaba previsto, pero, como sabes, al final todo fue bien. El hecho es que en el momento del parto no hay nada predecible: cuando una se enfrenta con algo tan grandioso como la vida que nace no hay mucho que hacer más que abandonarse a la potencia de lo que está sucediendo, como también pasa en la única ocasión que, según creo, puede compararse con ésta: la de la muerte. Lo único que tendrás que hacer, simplemente, es no resistirte al dolor. Es algo tan difícil como hacer pasar un pollo asado por la nariz, como algunos dicen, pero se sobrevive, como han hecho millones y millones de mujeres. A menos que quieras escuchar a los médicos que te invitan a programar, a controlar. El camino más fácil, para ellos, es resolver todo con una bonita cesárea (que aquí en Italia está muy de moda), o también con una epidural. En algunos casos

[a] El llamado *Pirellone* (rascacielos Pirelli) es el edificio más alto de Milán. Está situado frente a la estación central de ferrocarril y fue construido entre 1956 y 1960. Mide 127 metros de altura. Está inspirado en el edificio *MetLife* de Nueva York.

será ciertamente una bendición, pero a menudo sólo sirve para hacer que circule un poco más el dinero (*follow the money* sirve también en este caso) y, según creo, para hacer que te des cuenta de que tú sola no puedes hacerlo.

En cuanto al hipercontrol del embarazo, yo he huido de varios médicos (uno de ellos era un ginecólogo católico fuera de serie) que con gran soltura me programaban la amniocentesis, previo pago, obviamente. Aun cuando tengas veintisiete años, una edad en la que el riesgo de que el niño tenga taras genéticas (porque eso es lo único que se descubre) es mucho menor que el de matarlo en el análisis. Otra doctora me invitó a darme prisa con los controles porque "después viene Navidad y, si hay algún problema con el niño (léase no está sano y por tanto «tienes que» eliminarlo), ¿qué hacemos?".

La práctica se ha extendido, se acepta convencionalmente y, al parecer, ya no se cuestiona: hay que saber desde el principio si el niño tiene algo que no va bien, de este modo el "problema" se puede eliminar, ¡matando al niño! Una idea curiosa de lo que es la terapia y la curación.

A simple vista, cada vez se encuentra uno por la calle menos niños down, y no sé si será, como espero, porque se engendran menos con esa enfermedad o porque son eliminados antes de nacer. El hecho es que, en cierta ocasión, vi a una niña down en la playa, rubia y con un bañadorcito rosa con princesas, lo mismo que el de mis hijas, y no pude por menos que ofrecer una sonrisa de consuelo, reconocimiento e ilimitada admiración a su valiente, afectuosa y heroica mamá, que, habiendo podido hacer un diagnóstico previo, decidió no saber, o que, conociendo la verdad, decidió no suprimir a esa hija.

Pobre niño, al que a cada poco le hacen jugar a la ruleta rusa, y que está allí encogido pensando "¡Esperemos que me tengan, esperemos pasar el control!" Porque, por ahora, hasta la ciencia más trivial dice que lo que vivimos antes de nacer deja una huella en nosotros. Tan cierto es, que las mamás modernas, si sus retoños han superado brillantemente todos los exámenes, les hacen escuchar a Mozart cuando están dentro del vientre. Sería mejor hacerles escuchar una voz que dijera con seguridad: "No te preocupes, pase lo que pase somos tus padres, y afrontaremos juntos lo que ocurra".

Que sepas que, si dices sí a la vida, también yo estaré lo más cerca de ti que pueda, incluidas ropita y otras cosas necesarias. Sobre todo, porque a nosotros — porque la Providencia existe — también nos han provisto con generosidad. Hemos llegado a convertirnos en un centro de distribución, de vez en cuando alguien me llama: "¿No tendrás un disfraz de Spiderman talla cuatro? ¿Y unas botas de fútbol del número treinta y uno?"

Ayer, Livia, preocupada, me preguntó: "Pero cuando sea grande y este pijama ya no me venga, ¿qué haremos?". "Compraremos uno nuevo, tesoro, no te preocupes". ¡Ah! No te puedes imaginar cómo se ha quedado de asombrada al enterarse de que la ropa, que habitualmente llega a casa usada y en bolsas, también se puede comprar si hace falta.

Así que estaremos cerca, pero sobre todo el Dios de la vida estará de tu parte. Y, entonces, ¿qué miedo vas a tener?

Un abrazo fuerte fuerte, para ti y para tu criaturita.

C.

La maternidad es la primera vocación de la mujer. No la única, pero sí la primera. Está inscrita en la naturaleza, está inscrita en nuestro cuerpo. Durante el embarazo, la mujer es una y dos simultáneamente: algo perturbador que, con toda seguridad, al cerebro de un hombre quizás lo hiciera estallar. Al de la mujer no, ella está hecha para ser dos sin perderse, lo mismo que es capaz de estar aquí y en otro sitio, de hacer una cosa y muchas otras a la vez, facultad que es notoriamente desconocida para el hombre. Ya desde el embarazo, haciéndole sitio a otro en sus entrañas, la mujer se prepara para hacer sitio en la casa, en la vida.

Es una cualidad de todas las mujeres, no sólo de las madres. Sea con hijos naturales o no, la mujer tiene que acoger la vida. Se puede ser maternal aunque se escoja otro camino: conozco a muchas mujeres maternales que no han tenido hijos. Lo son con los amigos, con los colegas, algunas también con el trabajo. Lo son las que se ocupan de los hijos de los demás. Y puestos a hablar, también conozco a alguna madre muy poco maternal.

Las que rechazan esta vocación de acoger a aquel que es más pequeño — se pueden encontrar algunas también entre las madres biológicas — viven tristes, desilusionadas y resentidas, son iracundas y celosas. Están divididas interiormente. Quieren afirmarse y se deforman. Se encuentran perdidas, y no es por culpa de los demás, de los varones, del poder, y no sirve ninguna de las lamentaciones de costumbre sobre la sociedad de la comunicación: se han perdido por sí solas. Por el contrario, la maternidad ofrece la posibilidad de aprender a gastarse. Y las mujeres que la descubren engranan una marcha nueva. Florecen. Ciertamente, no quiero decir que todas las madres sean santas, o perfectas, o incluso sencillamente buenas. Con sólo intentar pensarlo, en mi caso, aparece ante mí la imagen de mí misma vieja y abandonada, y todos mis hijos psicoanalizándose durante años para intentar poner remedio a mis numerosos errores. Ya me imagino al mayor — que de vez en cuando escribe guiones para películas, rebosantes de espías destripados y explosiones cruentas —, ya encanecido, presentando en Cannes una película sobre una madre insoportable, posesiva y obsesiva que destaca al fondo, en fundido de entrada, cada vez que él intenta ser feliz. Todos sabemos el daño que podemos hacer nosotras, las insoportables y tentaculares progenitoras. Pero si una intenta acoger la vida, con honradez, con humildad, buscando limitar los daños, te puede llegar a convertir. Te puede ayudar a ser menos egoísta.

Decir sí a la vida también significa decir sí a toda una serie de cosas, no todas tan enormemente agradables como cuando el pepón se queda adormilado, ebrio de tu leche, con la cabeza echada hacia atrás en el hueco de tu brazo, total e irresistiblemente abandonado a ti (y tú desearías aprovechar ese respiro para rascarte un punto inalcanzable de la espalda). Significa también decir sí a llenar de dinero la máquina expendedora de zumo de frutas, a las conversaciones con las maestras, que te darán más miedo que el Director General de la RAI, a las tardes en el cine a cuatro patas entre las butacas intentado recuperar las gomas de colores redondas — no te puedes imaginar lo rápido que ruedan hacia la butaca del vecino más irritable de la fila — y a las agotadoras y detalladas explicaciones sobre la inoportunidad de golpear a un hermano en la cabeza con una astronave metálica de juguete.

Decir sí a la vida significará también aceptar la inestabilidad emocional y la necesidad de apoyo y consuelo cuando tus hijos estén de mal humor y decidan echarte la culpa a ti, y se pongan además a presionarte un poco cuando estés saliendo con media hora de retraso y una carrera en las medias (¿cuántas veces puede funcionar en el trabajo la excusa "No me había dado cuenta hasta ahora mismo"?); significará tener la remota esperanza de conservar al menos un pedazo de mesa libre de las invasiones de los bárbaros sólo a costa de contratar un servicio de vigilancia privado, incluido perro policía; significará pasar todo el tiempo que los demás pasan enriqueciendo su bagaje cultural o mejorando estéticamente su persona, formando una tropa de soldaditos, coloreando sin salirte de los bordes o uniendo puntitos, pero más que nada preocupándote. De las vegetaciones, de las tablas de multiplicar, de las amistades, de las plantillas ortopédicas, de las inseguridades y de las palabrotas.

No obstante, no hace falta ser perfecta para decidir abrirse a la vida, ni es posible esperar a ser perfecta para educar a hijos decentes. Una lo intenta, lo hace lo mejor que puede. Sabiendo que ninguna de nosotras está perfectamente equilibrada, que no está libre de grandes o pequeñas neurosis. Sabiendo igualmente que los errores son cosa de cada día, imprescindibles, pero afortunadamente remediables. Cocinaremos demasiada carne y demasiado poca verdura, nos pondremos de parte de la maestra — siempre, infatigablemente — aun cuando esté equivocada y nuestro hijo pille una rabieta grandísima, nos expondremos a una excesiva radiación ultravioleta, nunca sacaremos del todo las manchas de las camisetas, nunca acertaremos con el jersey suficientemente abrigado ni con la merienda suficientemente nutritiva para la excursión, gritaremos "con los ojos rabiosos de fuego" al hijo equivocado, les echaremos tantas veces el mismo sermón que al final les sonará, falto de sentido pero familiar, a algo así como el letrero en alemán en la ventanilla del tren, *nicht hinauslehnen!*

Y si nos empeñamos con todas nuestras fuerzas en limitar los daños (un excelente programa de vida, a mi entender), alguno considerará después que nos realizamos sólo a través de los hijos y, a veces, el que lo diga será alguien que ha decidido, más o menos libremente, no tenerlos. Será inútil responder que también nos las arreglábamos bastante bien antes de tener hijos, cuando estábamos obligadas a leer, a ir al cine, a viajar y a hacer deporte. Pero también habrá otras que admitirán, por el contrario, después de haber descubierto demasiado tarde la maravilla de tener un hijo, la amargura de no haberlo entendido antes. Conozco a muchas de ellas: son las que han escuchado los consejos del mundo. Piensa primero en ti. Realízate, invierte en tu trabajo, encuéntrate a ti misma. Como si alguien se pudiera encontrar en su soledad, y no con relación a algún otro. Después, cuando el tiempo ya se agotaba, han tenido un niño, y ya no son las mismas, no las reconoces.

No soy socióloga, no soy filósofa, no soy nada, pero me parece claro que la contracepción ha puesto en nuestras manos un poder mucho mayor que nosotros mismos, el poder de traicionar nuestra naturaleza, y de hacerlo de forma banal. No hace falta ningún valor, no hay en ello honor alguno, basta endulzarlo con un poco de azúcar y te lo tragas... Creyendo haber tomado el control, le damos a una empresa farmacéutica el poder de controlarnos: la capacidad de dar la vida, y también nuestro humor, nuestro cabello, todo tipo de apetitos. Todo queda distorsionado por la ilusión de que la tecnología, la medicina y la farmacia pueden garantizarnos el bienestar y protegernos de los imprevistos.

Olvidemos a Dios, por un momento. Aun así, un ser humano no puede controlar la naturaleza, es una bomba que tenemos en las manos y que puede estallarnos en la cara. Creemos poder programarlo todo, pero ¿cómo se puede determinar de antemano algo que no se conoce? La cosa podría tener algún sentido si no tuviéramos nada que aprender de la vida. Si la existencia fuera un viaje en el que nosotros, como turistas, miráramos desde la ventanilla para elegir lo que nos gusta, tomáramos y dejáramos a voluntad. En cambio, somos enanos con zancos, subidos a ellos porque ni siquiera alcanzamos a la ventanilla, buscamos algo que entender en este misterio que es la vida. Somos pobres diablos que buscan un sendero, somos tierra que camina. Más que programarnos a nosotros mismos, somos impenetrables para nosotros mismos, somos complejos y nunca completamente reducibles a esquemas.

Somos un misterio: no soy capaz de explicarme un montón de pequeñas locuras, lados oscuros y contradicciones que veo en los demás, y que no veo en mí, pero precisamente porque no los veo estarán en mí con seguridad.

Eso sin contar otras muchas cosas que no me explico, como mi memoria selectiva, a la que no hay forma de hacerle recordar la fecha de un armisticio durante más de tres o cuatro horas, mientras que la trama de la novelita romántica más trivial deja huellas indelebles. La estructura mental de un hombre, en cambio, recuerda los días cruciales de la Primera Guerra Mundial, pero jamás la de un consejo escolar.

Hay un montón de misterios con los que no se puede hacer otra cosa más que acogerlos. Nosotros no hemos escrito las reglas de la vida: las hemos encontrado, y podemos aceptarlas o no, pero están ahí. Es verdad que algunas son absurdas, como el hecho de que ese tío haya podido a llegar a ser tu jefe, a pesar de la dificultad que tiene hasta para pronunciar su propio nombre; o el hecho de que en Roma haya dos filas de semáforos en los cruces, una para indicar rojo o verde y otra veinte metros después para quienes no se han parado en el semáforo en el punto exacto (para mí, uno de los grandes misterios de la vida es por qué el Ayuntamiento no contrata a unas cuantas compañías de tiradores de élite para eliminar físicamente a los que pasen de la línea blanca).

Aceptar las reglas quiere decir adherirse a la realidad (tengo que aceptar que no es oportuno y que, bien pensado, tampoco se contempla en el Evangelio eliminar físicamente a quienes no respetan los semáforos), a la verdad de las cosas. Te hace salir de ti misma, del egoísmo, de las neurosis, de la idiosincrasia.

Estoy rodeada de personas descontentas, decepcionadas, desilusionadas, cansadas, aburridas, furiosas, resentidas, celosas, envidiosas, llenas de falsas necesidades, todos somos así. En cambio, la alegría es el indicio de que has empezado a vivir sin tomarte a ti misma como medida de todo. Te abre horizontes que no podías imaginar. Comienzas a vivir, y al vivir entiendes. Porque hay algunas cosas que no se entienden sólo con la cabeza, sino también con las manos, las piernas o las orejas.

Traicionar la propia naturaleza no aceptando la maternidad, siendo así que hemos sido agraciadas con ese don, es antes todo traicionarnos a nosotras mismas. Ni siquiera hablamos de ese niño inocente al que evidentemente no se tiene en cuenta. Sino del embrollo en que se mete la mujer. He discutido infinidad de horas con amigas mías que consideran el aborto como un derecho — no me meto aquí con las que cometen un error, sino con las que llaman "conquista" al error, porque los nombres son los vehículos de la verdad. Desgraciadamente, nunca he conseguido transmitir el concepto fundamental: el aborto es ante todo una traición radical para con una misma y quien está en contra del aborto, además de defender a los niños, quiere también proteger del dolor a las mujeres. Mi capacidad dialéctica, evidentemente, no va muy allá. Sufro del llamado *esprit de l'escalier*, las mejores respuestas se me ocurren siempre cuando ya estoy "bajando la escalera" y yéndome de allí. O puede que yo no sea demasiado vehemente. O puede ser, también, que, para quien ha vivido esta tragedia, admitir haberse equivocado de tal modo sea demasiado doloroso, que quizás sea mejor olvidarlo del todo.

Una puede equivocarse, pero no luchar para que ese sufrimiento se convierta en un derecho. ¿Por qué pelear para permitir que las mujeres hagan algo que echa sobre ellas una carga con la que es dolorosísimo convivir?

Además, la única forma que queda después de quitarse de encima esa carga es admitir haberse equivocado, poniendo así en cuestión una parte de la propia vida. Una tarea muy trabajosa que, sin embargo, si se tiene el valor suficiente, puede abrir horizontes de auténtica libertad. Quizás nuestras bisabuelas ni siquiera se planteaban el problema de aceptar o no dar la vida. No había anticonceptivos, el aborto era mucho más difícil. La única realización posible era la familia. En muchos casos, vista como una jaula. Por lo tanto, no echamos de menos aquellos tiempos de muy pocas preguntas, cabeza baja y pedaleo forzado. Pero nosotras, ahora, sí que podemos abrazar nuestro camino por propia elección, sin frustraciones, no porque sea un camino obligatorio, o el único posible, sino porque, habiendo estudiado y teniendo el mundo ante nosotras, hemos comprendido que vale la pena vivir para dar la vida.

Si aceptamos eso, saldremos de nuestra lógica asfixiante. Y entonces cada vez que nos dejemos importunar por las exigencias de la vida daremos un gran paso adelante. Cuando aprendas a estar en tu sitio, no sólo a soportar, sino incluso a amar las cargas de la vida, no porque te guste sufrir — ¿a quién le gusta? —, sino porque sabes que esa fatiga le hace bien a algún otro, a tu marido, a tus hijos, a quien decidas echarle una mano, cuando llegues ahí, entonces habrás recorrido un buen trecho. Mis hijos dirían — en el lenguaje de los videojuegos — que te has convertido en un enano calvo de nivel cuarenta y dos...

He visto a muchas personas transformarse de este modo y comenzar a dar la vida. No hablo sólo de madres y de padres, por favor. No obstante, los hijos te obligan, por fuerza, a hacer ese camino. No han de hacerlo sólo las madres, es verdad, pero para ellas el camino — de un día para otro tu vida ya no te pertenece — es inmediato y apabullante.

Ya no decides cuándo duermes, cuándo comes, cuándo te duchas. Ya no decides cuándo estás de mal humor ni cuándo una jornada es anodina y no decisiva. No decides cuándo leer o cuándo telefonear. Con todo, he conocido a muchas mujeres inquietas que, en esta pérdida de sí mismas, han encontrado la paz. No pobres frustradas, con vidas vacías y deprimentes que finalmente han encontrado un porqué, sino también mujeres ingenieros, médicos, abogadas, magistradas y profesoras de universidad. Mujeres ya realizadas y felices que, en cierto momento, en la encrucijada, pasan a la otra orilla y comienzan a servir. Renuncian a ser estupendas en todo, renuncian a tener las manos arregladas y los zapatos a juego con el bolso, la piel sin arrugas y conversaciones al día, y empiezan a ocuparse de algún otro. No porque ya no les gusten los zapatos a juego y la manicura, sino porque les gusta todavía más la felicidad de algún otro.

Y a cambio, ¿cómo decirlo sin provocar dolor de muelas?, ¿qué se recibe a cambio? Besos, lametones, roces, caricias y palmaditas cariñosas en la espalda, miradas de adoración, declaraciones de amor, proposiciones de matrimonio — indiscriminadas, de varones y hembras —, prestigiosos trabajos manuales de guardería, audaces poemas de clase de primaria, montones de cartitas escritas con letra temblorosa, "mamá, te quiero mucho", "papá es guapo", escucha incondicional y sin filtros (si lo ha dicho mamá o, aún más, la autoridad suprema, papá...), y puedes descubrir el poder curativo de los besos y las tiritas, los brazos que consuelan y alejan a los monstruos, los ojos que ven en la oscuridad y las palabras que revelan la realidad.

Stefania,
o
Que la fuerza te acompañe

Querida Stefania:

Respondo a tu SMS conciso hasta el extremo: "Estoy reventada".

Te entiendo, lo sé, cuidar niños pequeños es una tarea sobrehumana, inenarrable. Pero no nos vamos a extender sobre eso, ¿verdad? Quien no ha pasado por ello se aburre de oír a las madres que se inciensan a sí mismas por su heroicidad, y piensa que los relatos sobre sus fatigas diurnas y nocturnas son de ficción. Por el contrario, quien sí sabe cómo son esas fatigas no necesita destrozarse los oídos hasta sangrar escuchando lamentaciones ajenas.

Qué podemos decir, sino que una acaba por preguntarse si hizo algo hasta este momento, en aquella agradable o, en cualquier caso, autodeterminada, vida de soltera cuando enjuagar dos platos parecía algo trabajoso (de hecho, una vez, las semillas de un melón estuvieron tanto tiempo en mi fregadero que llegaron a germinar) y cuando las células cerebrales podían atacar, en compacta formación, como un solo hombre, el texto de historia de la lengua griega. Ahora te parece difícil hasta recordar el día en que el mayor tiene que ir a la escuela en chándal porque tiene gimnasia, y se lo preguntas a diario. Porque esas dos neuronas que te quedan, las pobrecitas, giran en redondo y tienen que ocuparse en pocas horas de los datos sobre producción industrial del Instituto Central de Estadística, de las cotizaciones a la seguridad social de la señora que ayuda en casa, de lo necesario para la guardería, del vestidito de princesa, de deberes escolares de varios niveles, del torneo de fútbol-sala y también, de vez en cuando, de preparar algo de comer que no sea pasta a secas. Sabes que el grito "¡He acabadooo!" surgirá de repente del baño en que está sentada una niña en el preciso momento en que tengas que escurrir la pasta, y tendrás dos centésimas de segundo para decidir entre pasta pasada y culito sucio. Sabes que el recién nacido se despertará con precisión suiza en el instante en que hayas acabado de colocar el lavavajillas, tender la ropa, preparar los bocadillos (en tu opinión, ¿el tarrito de mermelada de la época prenapoleónica sigue siendo homologable como merienda para la escuela?), comprar los materiales para los trabajos de plástica (¿dónde encuentro yo una cartulina rojo Bristol a las doce y cuarto de la noche?) y ya, finalmente, te hayas preparado una especie de comida reparadora con todos los restos de la jornada y estés abriendo la boca para hincarle el diente al tercer bocado. Y algunas actividades que al principio te parecían auténticos latazos, como tirar la basura, ahora son lo más relajante de la jornada: ¡voy yo, querido! No, voy yo, querida mía, no te molestes. Siempre mejor que limpiar el baño, que con tres hombres en casa corre el riesgo de parecerse peligrosamente al de una estación.

¿Qué consejos quieres que te dé, en estos primeros días de vida de tu bebé, sino que te rindas? Ya llegaran los ajustes, la familia encontrará un nuevo estilo de vida en el cual el niño no deberá ser el monarca absoluto. Ciertamente, cambiarán las prioridades: la forma de elegir las vacaciones (la gente de tres años no aprecia mucho la arquitectura), los amigos (la gente de cuarenta años no suele apreciar mucho a la de tres), el coche (en cierto momento es fundamental que vaya delante, mirando hacia atrás, y que haya mucho espacio para bolsas para vómitos, chucherías y toallitas húmedas: no tienes ni idea de cuántos dedos puede ensuciar una sola galleta de chocolate).

Durante este tiempo, mientras estés en rodaje, por la noche, debes caminar muy pegada a la pared, de modo que si te quedas dormida de pronto y caes al suelo a plomo como un muerto, no te golpees muy fuerte en la cabeza. Porque por la noche los hijos sacan lo peor de sí mismos, a veces están nerviosos, siempre están cansados, pero hay que abatirlos a tiros antes de que admitan que tienen sueño. Antes, tú habrás tenido que corregir los deberes, alimentarlos, preferiblemente no sólo con regaliz, quitar incrustaciones de barro o de regurgitaciones lácteas o de ketchup, dependiendo de las edades, preparar mochilas y ropas para el día después, acompañarlos con dulzura hasta los brazos de Morfeo con lecturas de cuentos, besos y oraciones, y mantener la calma diciendo que no inflexiblemente a las exigencias más fantasiosas, cuando, en vez de todo eso, lo que tú querrías es comprar un cuarto de hora de sueño a cualquier precio, por ejemplo, echándoles un bote entero de Nutella entre las sábanas.

Te será útil saber que, si vas al baño, y si todavía conservas el privilegio de poder cerrar la puerta, si apoyas un rollo de papel higiénico contra la pared, puedes usarlo como cojín de fortuna y dormir unos segundos. Años de experiencia te enseñarán, además, a adoptar en misa un aspecto de gran concentración y rapto místico, lo cual te permitirá dormir un buen puñado de minutos, y si es de domingo o día de fiesta una media hora, quizás incluso sin roncar. No te aconsejo hacerlo en los semáforos, aun cuando a mí me ha pasado y la proverbial cordialidad romana me ha despertado a golpe de claxon y de "¡Mira ésta, hombre, ¿te hemos molestado?".[a]

Otro recurso decisivo, cuando la crisis llegue a ser inmanejable y tú te jures una y otra vez que cuando salgas de ella sacarás partido de tu experiencia para emergencias internacionales, es que vayas a darte una ducha. Los recién nacidos no paran de llorar, pero tú, una vez que te hayas asegurado de que sólo se trata de un capricho, con el ruido del agua no lo escucharás. Sobre todo si cantas a pleno pulmón, con el debido entusiasmo, *Il Perugia è uno squadrone*, el himno del '78. O bien *Staying alive*, que más que una canción de los Bee Gees, en ese

[a] La expresión literal que usa la autora es *"Anvedi questa, ahò, t'avemo disturbato!"*, que es típica del dialecto romano y que suena algo más maleducada que nuestra traducción española.

momento, es tu firme propósito para la jornada.[b] Reducir las expectativas es, con seguridad, algo sano, y hay momentos en que aspirar a sobrevivir es signo de equilibrio.

"¡Con el primer niño eras mucho más puntual!", decía moviendo la cabeza la maestra de la guardería cuando me presenté sudando y jadeando y dejé a Livia descalza sobre el mármol del pasillo, porque la campana ya había sonado y tenía que recoger a los otros tres. ¿Qué culpa tenía yo, si cuando estaba saliendo, siempre al filo de la catástrofe de los niños abandonados en la calle entre las miradas reprobatorias de las mamás provistas de hijos sin manchas de grasa e incluso peinados, me telefonearon para recordarme lo de escribir las notas para los regalos de fin de curso de las maestras? ¿Las tienes preparadas? Tengo dificultad para articular la palabra "no", sobre todo cuando me asignan alguna tarea. Escribir las notas que faltaban y recorrer el trayecto casa-escuela a la carrera con una niña en brazos — una especialidad olímpica — en un minuto treinta y cinco limpios es una de las empresas atléticas de las que estoy más orgullosa, aunque puedo jactarme de un digno dos catorce en los ochocientos.

Por tanto, reduce las expectativas, no te dejes atrapar por la ansiedad si de vez en cuando asoma un calcetín por debajo del sofá, si no tienes las piernas suaves como la seda (te doy un máximo de quince días para retomar ese asunto, pero antes de que tu marido empiece a mirar lánguidamente a la señora de la charcutería), si no estás al día respecto de lo que sucede en el mundo (dado que eres periodista como yo, de vez en cuando, quizás, una ojeada a los titulares, justo para asegurarte de que Italia no haya entrado en guerra o haya salido del euro mientras tú estabas lavando a mano los pijamitas con Napisan: ¡yo, desde el tercer hijo en adelante, lo echo todo a la lavadora!).[c]

---

[b] *Il Perugia è uno squadrone* es el himno del equipo de fútbol de la ciudad de Perugia. El año 1978 este equipo ganó el *scudetto*, es decir, fue campeón de la liga italiana. El título de la famosa canción de los Bee Gees, *Staying alive*, se podría traducir por "Sobreviviendo".

[c] "Napisan" es una marca comercial de detergente para lavar a mano de patente australiana.

Es sano reducir las expectativas cotidianas, ser un poco tolerante con la parte más pachorra y menos fiable de ti misma. Los hijos sobreviven igualmente, aun cuando se contravengan ligeramente las reglas del destete: "¿No querrás decirme que ese cerco marrón alrededor de la boca desdentada de Lavinia (nueve meses) es realmente ciruela?", me preguntó palideciendo la reina de lo higiénicamente correcto, que es mi hermana. Tú, que tienes valor, dile a mi hermana — pero no a la pediatra — que era un Oro Ciok al chocolate fundente, porque a una cuarta hija una sería capaz de darle hasta medio litro de cerveza y un puro con tal de preparar la cena en paz.[d] Dile tú a mi hermana que a mediodía, a la hora en que las madres vuelven de la playa para evitar a los niños los rayos de sol dañinos y para prepararles un plato sano y reparador a base de verdura y pescado fresco, yo bajo con los míos y con varios cestos llenos de bocadillos libres de todo vegetal, cestos en los que lo más cercano que hay a una vitamina es la lata de naranjada (digo yo que habrá tenido algún vago contacto con una naranja de carne y hueso, aunque sea temporalmente).

Tú también llegarás a ser muy tolerante con las reglas de mantenimiento de la casa (¿cuál es el número máximo de marcas de lápiz de ojos verde que puede haber en una pared para seguir considerando que está limpia?), con la puntualidad, con el orden en los dormitorios de los chicos (digamos que mientras se entrevea la cama la habitación se puede catalogar como "en orden"). Estate tranquila, que todo lo que has sembrado en tus sermones dará fruto algún día. Tú, entonces, probablemente ya estés muerta, pero los frutos llegarán. Desde el campamento de verano donde estaba Tommaso, la catequista me felicitó por teléfono por el orden de la habitación y de la mochila de mi hijo. "Te has equivocado de número, Letizia, soy Costanza, ¿no me reconoces?". "Sí, lo sé, tienes un hijo ordenadísimo, felicidades, ¿cómo lo has hecho?". ¿Cómo lo he hecho? ¡Ciertamente, no lo sé! He gritado todas las tardes durante los últimos diez años de mi vida,

[d] "Oro Ciok" es una marca de galletas recubiertas de chocolate.

he recogido calzoncillos, calcetines, millones de piezas de Lego (somos accionistas de esa fábrica danesa), cada noche he afilado los mismos lápices mordisqueados, he cambiado forros de libros perforados cotidianamente en tiroteos escolares, trescientos sesenta y cinco días al año, es decir, cerca de cuatro mil tardes consecutivas, siempre en vano, siempre con la certeza de haber engendrado las criaturas más desordenadas de la especie (será una tara genética, me decía viendo el armario de mi marido). Y ahora este desgraciado de hijo, ¿qué hace? Se va al campamento de verano y se convierte en un niño modelo.

¿Por qué, entonces, no lo es también en casa? ¿Por qué la visión de su dormitorio cada tarde me inspira el deseo de liarme a cabezazos rítmicamente con su mesa de trabajo? Y ni siquiera puedo beber para olvidar, porque soy abstemia.

Si os puede servir para ahorraros el psicoanalista cuando seáis mayores, muchachos, os diremos nosotras mismas por qué os gritábamos siempre: porque erais unos desastres. Maravillosos, geniales, simpáticos, muy dulces, pero unos desastres. Perdíais chaquetas, olvidabais los deberes, desesperabais maestras, peleabais por motivos inexistentes y nos obligabais a examinar minuciosamente cuestiones que nos agotaban particularmente. Sin embargo, os queremos mucho. También cuando papá se precipita dentro de vuestra habitación, de vuelta de un viaje de trabajo a Arabia "Esaurita", y vosotros apenas alzáis la cabeza para preguntar "¿Qué me has traído?".[e] También cuando os llevamos a ver la exposición de Chagall y lo que más os llamó la atención fue una Cipster en el suelo;[f] o cuando convertisteis en vomitivo el majestuoso cambio de la guardia de los coraceros del Quirinal por dedicaros con todo entusiasmo a devorar un kilo y medio de helado de mora. Os queremos mucho aunque os arranquéis manojos de pelo para conquistar el "comelomando" de la "tevedisión".

---

[e] El adjetivo italiano *esaurito* significa "agotado", "exhausto". Su femenino *esaurita* recuerda, por supuesto, a "Saudita", y la autora debe insinuar que de esta forma lo percibían sus hijos.
[f] Una marca italiana de aperitivos crujientes y salados a base de patata.

Querida Stefania, no dejes tú tampoco de mirar llena de esperanza a esas irresistibles madejas de defectos que serán tus hijos. Sobre todo, no abandones nunca la oración, que nunca como en esta época es la roca de la vida, muy fácil de practicar durante la lactancia, y si te quedas frita mejor, como decía mi abuela: la acaban los ángeles en el cielo. Pon, abandona, a tu hijo en manos de su Padre y de su Madre, y ponte tú también en ellas: si no es con este pensamiento, ¿acaso se puede uno enfrentar a este mundo de un modo razonable y obligar a enfrentarse a él a una criatura débil e indefensa?

Segundo y último consejo, antes de aburrirte del todo: aprende a establecer prioridades desde estos primeros días: un ejercicio que a mí, personalmente, me desgarra el corazón, a mí que soy — como dice mi marido — la reina del rompecabezas, del hacer mucho cuanto antes, del mientras tanto ponte a hacer aquello, del en caso de que te sobrara un minuto... Nosotras, las mujeres, tendemos al hipercontrol, y puesto que con frecuencia la lucha se da en varios frentes, es fácil perder la brújula. Hay que aprender un poco de humildad, y admitir que no podemos con todo, de hecho, que no podemos con casi nada.

Entonces, estos mismos días en los que tu vida está patas arriba pueden acabar siendo preciosos para aprender a elegir, cosa que ahora tienes que hacer necesariamente. Tómatelo como un tiempo oportuno para establecer prioridades en tu vida, aprendiendo una gimnasia que desde hoy en adelante te enseñará a elegir, cada vez con mayor naturalidad, no sólo entre el bien y el mal, lo cual es normalmente bastante fácil, sino entre dos bienes. ¿Qué bien es más importante? ¿Cuál es urgente (no siempre hay que hacer en primer lugar lo más importante)? ¿Cuál es necesario y cuál accesorio? Cuando comprendas cómo se hace todo eso, me lo explicas.

Aprende, tú que quizás seas capaz, a trazar círculos concéntricos: la familia en el centro, y con ella el Evangelio se aplica literalmente. No obstante, atención. Ahora, el niño parece el jefe de la casa, pero es su padre el que tiene que serlo. Dedicarle tiempo a él, al grande, te parecerá casi siempre que es algo que se puede posponer, y de hecho nunca será tan urgente como cambiar un pañal empapado. Pero estate bien atenta a no olvidarte de hacerlo, por él, por ti y también por el niño, que se nutre de una pareja que funciona. Dios mío, no te digo que tires cohetes, pero al menos intercambia con él de vez en cuando un saludo. Como puedes ver, la teoría la tengo clara...

Dudo que hayas seguido leyendo hasta aquí sin haberte quedado sopa. Pero, si es así, ¡gracias! No hay cosa más gratificante que repartir consejos, aunque no te los pidan.

Un saludo afectuoso de tu amiga siempre dispuesta a sermonearte.

C.

En general, nosotras, las madres de esta generación, llegamos con pocos recursos a la convulsión que provoca la responsabilidad de una vida totalmente dependiente de nosotras. Para una gran mayoría de nosotras, se trata de la primera vez en que renunciamos completamente a nuestra libertad, a la autodeterminación, a veces a nuestras comodidades. Hemos crecido, y no sólo nosotras las mujeres, con la ilusión de tener el mundo a nuestros pies. Con todas las posibilidades, todas las opciones, todas las informaciones también. Después, de repente — cuando a lo largo del día ya no se puede elegir prácticamente nada —, la vida comienza a convertirse en algo un poco más serio. Y algunos — algunas — no aguantan el impacto. Yo, personalmente, salí de él destrozada. Me olvidaba las lentillas dentro del ojo (creo que todavía me queda alguna), me presentaba en el trabajo el día que no era, me quedaba dormida en cualquier sitio que me sentara, me iba a la calle con la ropa sin planchar, fui bajando progresivamente las expectativas sobre mis retoños (ahora me conformo con sugerir que es más adecuado usar el tenedor para comer que para perforarle la pupila al hermano, que llevarse la verdura a la boca es más productivo que hacerla desaparecer elegantemente bajo el asiento, que no es juego limpio atarle un camión de juguete en la cola al gato de la abuela), también reduje gradualmente el tiempo que dedicaba a mis rutinas de belleza que actualmente constan de: lavado de dientes + ducha, tres minutos doce en total, y lo siento por todos los decálogos de las secciones de belleza de los semanales que todavía me empeño en comprar de vez en cuando.

Mi impresión es que, para las mujeres, y los hombres, de otras generaciones, que habían mamado el sacrificio de sus madres, el cansancio era un hecho que se daba por descontado. No estaba en juego la propia realización, ser una mujer acompasada con la época, "con la adecuada *performance*". Nadie se preguntaba "¿Qué quiero ser hoy?", porque el camino estaba más o menos señalado. El objetivo era buscarse la vida. La lista de las cosas que había que hacer no era tan larga como la nuestra, y hacerles sitio a las exigencias del otro era más sencillo. Y a mí no me miréis, porque yo me he llevado mi lista de cosas que hacer incluso cuando he ido a dar a luz, porque en algunos hospitales, los primeros días, hay guardería para recién nacidos y, milagrosamente, pueden surgir medias horas de vacío. Aparecía incluso, una vez eliminado el obstáculo fundamental que antes me impedía verme los pies, la barriga, la posibilidad de pintarme las uñas.

Sí, lo sé, soy hiperactiva como la mayoría de mis semejantes, pero mi marido dice que, en realidad, el momento en que soy más peligrosa es cuando me quedo sentada, aparentemente inerte, puede que aplatanada por un virus. Después de algún tiempo mirando fijamente al vacío, proclamo: "¡Tengo una idea! Podemos arar aquellos cuatro metros de jardín, arrancar dos árboles, plantar uno. Organizar una cena, hacer un viaje, tener un niño". No hay nada más peligroso que un momento de calma de los míos.

No quiero decir que las que antes tenían menos expectativas fueran todas mejores madres, pero eran madres con más naturalidad. Era algo que tenía que ocurrir llegado cierto momento de la vida. Sin leer manuales, sin estudiar mucho, en cierto momento la vida era así. El objetivo no era, como hoy, realizarse, diseño en el cual un niño puede encajar o no. Resultado: entre nuestro egoísmo y una sociedad profunda y conscientemente hostil a la familia, somos el país con la tasa de natalidad más baja del mundo.

Muchas madres de hoy entran en crisis. La carga de trabajo es realmente monstruosa: trabajar, llevar a los hijos, la casa, mantener el aspecto de una *pin-up*, estar al día y todo lo demás. Todo se convierte entonces en un lamento, como bien sabe mi amiga Daniela, la única autorizada a abroncarme regularmente. Facultad de la que disfrutaba a sus anchas cuando en las primeras enfermedades de los niños la llamaba con vocecilla quejumbrosa. "¡Estoy sola! Uno tiene fiebre, otra diarrea y la otra vomita. Estoy sola, nadie me ayuda…". Porque, obviamente, todo eso sucedía cuando el papá estaba fuera, preferiblemente si era muy fuera, tipo Australia o Japón, y hacía falta comprar paracetamol y estaba diluviando, y probablemente yo ya había exprimido a mi gusto a los abuelos. "¡Tienes cuatro hijos!", me aullaba en la oreja Daniela. "¿Será posible que no tengas un vagón de paracetamol en casa? ¿Y qué quiere decir sola? ¿Quién debe pensar en tus hijos, sino tú?". Efectivamente, después de alguna reprimenda de ese tipo, y después de muchas emergencias, también yo comprendí que debía remangarme y dejar de mendigar ayuda. Es verdad que también se ha dado el caso de llamar a casa de la vecina y soltarle a una recién nacida berreando en los brazos porque tenía que atender alguna necesidad de carácter escatológico de los otros tres. E incluso se ha llegado a dar el caso de llamar a casa del vecino, de otro, un hombre en esta ocasión, porque una salamanquesa había tomado posesión de mi dormitorio.

Hemos perdido el modo natural de ser madres con estos hijos nuestros. No soy capaz de explicarme los motivos, quizás sea porque la sabiduría ya no se transmite de generación en generación; las abuelas o las tías ya no están en casa. Ahora tenemos manuales, expertos, logopedas, psicopedagogos y médicos, a los que consultamos con ocasión de cualquier presunto problema. Ahora tenemos ludotecas (!), sitios donde se juega pagando según tiempo empleado, como si para los niños jugar no fuera sencillamente descubrir el mundo. Ahora tenemos la plaga de los animadores de fiestas, fiestas en las que preferimos castigar a los niños con canciones demenciales en lugar de dejarlos, por fin, libres para correr, para hacer ruido, para pelear también, sin la intervención de los adultos. Sin más plazas, calles o patios, ¿dónde van a aprender a arreglárselas por sí solos, a resolver las cosas con algún golpe, provocación o empujón, a prepararse para lo que les espera afuera?

Eso sin hablar de la crueldad de las urbanizaciones de verano con el *baby-parking*, donde te puedes olvidar de los niños — según cuentan entusiasmados los padres egoístas. ¿Aparcamientos para niños? Pues yo no quiero olvidarme de mis hijos, mucho menos en vacaciones, un momento para la familia por excelencia, cuando se les devuelve a los niños el tiempo, la escucha, el gusto por la lentitud, incluso el derecho al aburrimiento; fecunda situación para conocerse a uno mismo, un momento para encontrar recursos creativos, para consentir, por desesperación, en leer los libros que la mamá lleva un año intentado propinarles.

O bien, en el extremo contrario del *baby-parking*, se encuentran los padres profesionales, esos que se horrorizan si el retoño ha probado una gota de Coca-Cola, si el calabacín de su papilla no es ecológico, la medicina no es homeopática o el algodón que profana su piel no es orgánico. Sólo con esas precauciones están seguros de que a los tres años podrán empezar a estudiar música y a los seis su currículo será completado con inglés, esgrima y rugby. Todos estos esfuerzos tendrán que ser recompensados con un hijo perfecto, candidato como mínimo a un oro olímpico, un Nobel y un Oscar, y paciencia si no sabe por qué está en el mundo ni a dónde va. A veces, ser padres consiste en esto: amar, acoger y darle a ese niño permiso para ser así como es. Y después indicarle el camino, recordando siempre que no somos nosotros, sino Dios, el que hace crecer y el que anhela su éxito verdadero. Eso nos consuela de toda angustia, nos impide ceder al miedo, nos hace volver a empezar tantas veces como sea necesario, nos ayuda a no sentirnos aplastados cuando todo lo que hemos intentado hacer parece haber sido tirado por la borda.

Antonio
o
Yes, you can

Querido Antonio:

Tal como yo lo veo, la diferencia más claramente perceptible entre un padre y una madre consiste en la incapacidad absoluta del hombre para descubrir y distinguir liendres, larvas y piojos adultos.

Guido, aun siendo un padre buenísimo para los mismos cuatro niños cuya madre, mira tú por dónde, soy yo, ignora por completo las formas y modalidades de presentación de los simpáticos animalitos que, por el contrario, a mí me deleitaron durante los días y las noches del último invierno.

Resulta que los niños, que frecuentan más o menos a un total de unos cien compañeros, colocaron a nuestra familia ante una dramática emergencia parasitaria que nos costó un ojo de la cara en tratamientos (en la farmacia hay un retrato mío, "A nuestra benefactora") y que se presentó en varias oleadas. De este modo, en el último año, los piojos fueron protagonistas de mis pesadillas con una cadencia mucho más frecuente que la que, durante años, tuvieron el profesor de lingüística y el entrenador de atletismo, que me anunciaban que el trabajo estaba mal hecho o que me había inscrito, obviamente por error, en la final olímpica de los diez mil.

Combatí durante meses a los incómodos huéspedes que, creo que debes saberlo, resisten las temperaturas altas, mientras que, por el contrario, mueren con facilidad si los metes en un congelador; información que me hubiera sido de muchísima utilidad si hubiera dispuesto de una cámara frigorífica lo bastante amplia para admitir cuatro conjuntos completos de ropa para niño, chaqueta y gorra incluidas, y cuatro sábanas y fundas nórdicas, así como una funda de sofá.

Combatí, te decía, sola y con las manos desnudas. Durante meses, al encontrarme en el rellano con mi marido que salía de la casa, le preguntaba entre esperanzada e ingenua: "¿Has hecho un control?". "Todo en orden. Tranquila, no hay nada". En una regurgitación de escrúpulos, una noche, antes de mandarlos a todos a dormir, paso el peine y me encuentro una bonita fila de piojos bailando la cuadrilla.

En las dos o tres horas siguientes aplico el protocolo sanitario número uno, que se prolonga hasta altas horas de la noche, mientras las pequeñas, exhaustas por el cansancio, lloran porque al parecer no pueden dormir sin la princesa de tres centímetros de altura, obviamente la única que no encuentran, y el mayor se acuerda de que tiene que procurarse ineludiblemente un compás para el examen del día siguiente (artículo no previsto en el menú de entrega a domicilio de Pizza al Volo).[a]

En medio de la histeria general, Bernardo, también cansado y soñoliento, suscita una de sus típicas y oportunísimas cuestiones — lo llamamos señor Puntualización, entre nosotros — probablemente porque se acuerda de que, con motivo de su cumpleaños, todavía no ha recibido, como pidió, la camiseta negra de la Roma, con el nombre de Ménez, que por lo que visto debe ser un jugador. No la ha recibido porque todos los niños quieren la camiseta roja de Totti y él no, él — campeón del mundo de pensamiento marginal — siempre quiere algo imposible de encontrar.

[a] *Pizza al Volo* es una franquicia de establecimientos que sirven pizzas a domicilio a cualquier hora.

Me parece que el hecho de ver cuánto ha cambiado mi vida con los hijos no te ha animado precisamente a tenerlos tú; pero tú, Antonio, serás padre, no madre, y no tienes que fijarte en mí.

En primer lugar, porque yo — ya me conoces — soy exagerada en todo lo que hago: si leo a los Padres del desierto me quiero hacer asceta, si me gusta un autor tengo que llegar al límite de mis dioptrías noche tras noche hasta que he leído todo lo que ha publicado. Por eso, la maternidad me la he tomado bastante en serio; a pesar de todo, tarde o temprano comprenderé que las medallas se han terminado, y sobre todo que no somos nosotros, sino Alguien distinto, el que hace crecer.

En segundo lugar, porque yo soy una mujer y distingo las larvas, mientras que tú estarás exento de esa tarea. Y no porque los piojos te ignoren, dado que sobre tu cabeza lo único que podrían hacer es patinar, sino porque eres un varón.

Tendrás otros muchos deberes, pero te las arreglarás muy bien.

También porque, además de no dar el pecho, no tendrás necesidad de saberte las distintas ubicaciones dentro de la casa (para satisfacer tu curiosidad, por ejemplo, dónde están las medicinas en el cajón) ni la dosis de los antipiréticos; no te sabrás los nombres de las maestras (a menos que sean particularmente provocativas); no tendrás que recordar los nombres de docenas de amiguitos ni las fechas de sus cumpleaños, y no irás a sus fiestas, y por eso mismo no tendrás que mantener conversaciones sobre la última excursión escolar, de la cual sólo te llegará un débil eco; no tendrás por qué saber la fechas de las vacunas ni de los controles ortopédicos, otorrinolaringológicos y oculares de rutina; no tendrás que repasarte el Piamonte ni las restas llevándote; no discernirás con competencia el color que mejor le sienta a cada princesa; no contarás hasta desgañitarte la historia de Adán y “Deva”; no cantarás *Nada te turbe* de madrugada después de alguna pesadilla.

Como compensación, serás para tus hijos una especie de divinidad, el único ser humano capaz de resolver problemas, de arreglar trastos, de cambiar pilas, de encontrar soluciones, de decir palabras definitivas, de matar monstruos, de aniquilar temores. Tú dictarás la línea política y cuando Chiara, blandengue como yo, esté a punto de rendirse, serás el único lo bastante lúcido para aplicar el sano principio educativo de Jean Kerr: "Nosotros somos más grandes que ellos y ésta es nuestra casa", que si bien no encarna exactamente la línea del doctor Spock, a pesar de todo, volverá a traer la paz a la casa.[b]

Estarás dotado, como ser humano de sexo masculino que eres, de un oído selectivo que no te obligará a responder cada vez que seas interpelado.

Tendrás un sensor refinadísimo que te capacitará, a diferencia de una madre, para distinguir cuándo es necesario levantarse e ir a ver qué ocurre.

Sabrás responder "¡Ah! ¿Sí?" con elegancia inglesa a casi cualquier información que se te confíe, sobre todo si estás viendo al Milan, y la noticia te afectará lo mismo que a un conejo de trapo; sabrás emitir convincentes "¡Ah!" cuando te describan minuciosamente una apasionante partida de "gotas" con la que tu hijo haya ganado veintisiete pegatinas.[c]

---

[b] Jean Kerr (1922-2003) fue una escritora y dramaturga norteamericana de origen irlandés. Sus obras rezuman ingeniosas y divertidas observaciones sobre las situaciones absurdas de la vida ordinaria, especialmente en el matrimonio. En cuanto al doctor Spock, está claro que la autora se refiere al mítico personaje de la serie de ciencia-ficción *Star Trek*. Siendo hijo de un vulcano y de una humana, sufre constantemente un conflicto interno entre la fría lógica vulcana y las cambiantes emociones humanas. Para lo habitual entre los humanos, es extremadamente lógico y flemático al enfrentarse a los problemas.

[c] El *gioco a goccia* ("juego de gotas") del que habla la autora es un videojuego infantil que consiste en que el jugador se identifica con una gota de lluvia que cae y con el ratón del ordenador va moviéndola lateralmente y de arriba abajo para sortear diversos obstáculos y obtener ciertas cuotas de "energía", retrasando lo más posible su caída.

Sabrás mirar a tu prole con el mismo interés que examinas el acta de la reunión de la comunidad de vecinos, sin que ellos se den cuenta, porque ellos, a pesar de todo, te adorarán, mientras que tú, por el contrario, estarás pensando en el pasaje que has escrito dos horas antes y para el cual se te acaba de ocurrir el adjetivo que te faltaba.

En cuanto varón, y por tanto distribuido en compartimentos herméticos, sabrás igualmente desconectar, sabrás decir al teléfono: precisamente ahora voy a hacer la entrevista de mi vida, por tanto, hasta luego, mientras que una mamá, que por ser mujer gestiona la complejidad, incluso un minuto antes de salir en antena responderá al móvil con la certeza de que se cierne la tragedia: habrán bebido lejía, se habrán echado el pegamento instantáneo en los ojos...

En cuanto hombre, sabrás resistir a las tiernas llamadas nocturnas, astutas trampas del muchacho que, en lugar de dormir, preferiría en ese momento incluso ir a visitar a la vieja tía Sandrina. "No me encuentro bien", dice el taimado. "El que no duerme pierde el turno y se queda sin su día para jugar a la Play". "¡Pero es que tengo miedo!". "¿De qué?". "De ese monstruo amarillo que está ahí colgado". "Es un reflejo de la farola en la cortina", responde lúcido y pragmático un padre, en el supuesto de que finalmente haya ido al dormitorio.

Una madre no; ella cae en la ansiedad: tengo un hijo miedoso, por tanto me he equivocado por completo, es culpa mía, tengo que tranquilizarlo, qué hago entonces. ¿Regla o excepción? ¿Minimizar o consolar? ¿Alzar la voz o acariciar? Todo un psicodrama que se desarrolla en silencio dentro de ella en el mismo periodo de tiempo en que el padre ya ha ido, ha vuelto del dormitorio, se ha rascado, se ha echado un vaso de zumo de naranja y se ha tumbado en el sofá.

A pesar de todo, desafortunadamente para ti, los niños no se ofenden y no te niegan el saludo, como hago yo cuando tu falta de atención conmigo supera los límites, o cuando tu propensión a encajar las tareas como cajas chinas unas dentro de otras te lleva a saltarte demasiados cafés con los demás, justo en el momento en que necesitarías a alguien para maltratarlo. Un niño no; son de goma. Podrás echarle la bronca más sonada, o incluso decirle algo horrible e inmerecido al intentar sacarte trece minutos con los ojos cerrados y la cabeza apoyada en algún sitio: después de unos segundos, volverá donde tú invitándote a hacer un puzzle, porque él, magnánimo, te ha perdonado, o permitiéndote escuchar la lista de sus amigos preferidos, ordenados por puntos o agrupados — y esto sí que es apasionante — por la forma de sus cabezas.

Sabrás aplicar con frialdad los códigos rojo, amarillo y verde, como en los puestos de primeros auxilios, para decidir a qué hijo escuchar primero cuando vuelvas del trabajo y te agobien.

También sabrás cuándo es momento de dar un palmetazo en el culo, con seguridad, indiferente a las dudas maternas: ¿no podría ocurrir que el palmetazo en el culo los vuelva inseguros?; serás consciente del hecho de que, si se lo merecen y no se lo das, serás tú el que acabe en la inseguridad.

Dado que un padre sabe seleccionar, sabrás asimismo cuál es el momento en que has de soltar el libro (en general, cuando oigas: "Estoy seguro de que esto es un pedazo de lámpara...", es mejor que vayas y que interrumpas el partido que se juega en el pasillo).

Por eso lo he decidido: Chiara y tú debéis tener un hijo. Mi decisión no admite apelaciones. Formáis una pareja demasiado bien avenida como para no ver que algo de fuera viene a conmoveros. Y si bien es cierto que a Chiara no la conozco todavía bien (pero me fío de tu elección), de ti, que eres mi mejor amigo de la otra raza, es decir, varón, puedo decir que eres demasiado capaz, demasiado inteligente, demasiado sensible y valioso, para dejar que se pierda todo ese patrimonio.

Además, estás dotado del sentido del humor más estrepitoso que jamás he encontrado en persona alguna (por el momento, sólo si llegara a conocer a Walter Fontana quizás revisaría mi clasificación),[d] me haces reír hasta con un monosílabo, como aquel con el que concluiste un furibundo desahogo mío en el que debí decir las peores maldades jamás emitidas por boca de mujer; entonces, prudentemente, comprendiste que era mejor no contradecirme, y con cuatro letras conseguiste hacerme reír una vez más hasta desencajarme las mandíbulas. "Bien". Ni una palabra más.

De hecho, creo que apreciarás la fuente infinita de nuevo material humorístico que te proporcionarán los niños cuando, por ejemplo, vuelvas a ver con ellos las escenas de las películas y de los libros que les propongas, como Bernie, que el otro día se defendía de un ataque de su hermano blandiendo una bola de tela maloliente y gritando "¡Tengo un calcetín, y no tengo miedo a usarlo!". O cuando salgan desnudos del baño, llevando solamente puestas unas gafas de sol celestes y anunciando: "Mi familia me ha provocado graves problemas psíquicos, odio el mundo, odio a todos". Era otra vez el desgraciado de Bernie.

Disfrutarás igualmente de las disputas teológicas que se desarrollarán en la piscina, cuando oigas desde la cocina: "Pero, ¿tú has entendido lo que ha dicho mamá? Entonces, cuando uno se muere, ¿se va al cielo o debajo de tierra? ¿Y los caballos?".

Todos tus dones no pueden desperdiciarse. Eres demasiado genial para ser sólo periodista.

Quizás pudierais comenzar con un hijo (cada vez), al principio seréis dos contra uno, os las arregláreis estupendamente. De hecho, ya te veo reptando a los pies del niño, perdida toda compostura, vestido de

[d] Walter Fontana (1957) es un humorista, escritor y actor cómico italiano.

indio o de pirata o, peor aún, de príncipe. Porque, si el niño es una niña, creo que ya no responderás de tus actos. Tengo una dirección en la que podrás encontrar unos leotardos bicolores de príncipe Felipe a precio de ganga.

La única duda que alimento es acerca del apoyo práctico que puedas darle a Chiara.

Yo, personalmente, no te pediría que hicieras ni siquiera un filete a la plancha, no me atrevo a imaginarte en el acto de cambiar un pañal, y eso son cosas de mamás; pero es que ni siquiera te veo cargando en el coche un carrito plegable — eso son cosas de papás — con una fila de coches pitando estruendosamente detrás y el nene vomitando encima del traje que te has puesto para la retransmisión en directo del juicio. Será en ese preciso instante cuando te llame el director para decirte que hay una emisión en directo en la primera edición, dos horas antes de lo previsto.

Me entran ganas de reírme sólo de imaginarte, a ti que normalmente te cuesta trabajo cuidar de ti mismo (¿sigues limpiando los cristales de las gafas con lonchas de tocino de Colonnata?, ¿has encontrado ya las llaves?). Pero ésas no son cosas fundamentales: dejas que los coches sigan pitando estrepitosamente mientras que tú, por enésima vez, la emprendes a patadas con el carrito o examinas con mirada vidriosa el rótulo escrito en el asidero (¿será tirar o empujar?), no puedes saberlo, te metiste en la cama hace cuatro horas). En cuanto a la indumentaria, ¿quién ha dicho que una regurgitación láctea en la espalda no sea la última moda? Además, también tú aprenderás, si bien a tu modo peculiarmente mal dotado, como hemos aprendido todos. Di la verdad: ¿habrías dado un céntimo por mí cuando nos conocimos en la Escuela de Periodismo?

Y, sobre todo, lo que cuenta es que eres un enorme, sólido y fiable distribuidor ambulante de afecto, escucha, comprensión inteligente y amor. Se tratará sólo de reducir el número de los destinatarios, pero tu *core business* seguirá siendo el mismo, sólo que aplicarás una nueva estrategia empresarial.[e]

Nosotros, tu interminable lista de amigos — ¿cómo haces para acordarte de todos los nombres? —, sabremos retirarnos ordenadamente cuando vuestro hijo ocupe el puesto de honor.

Sabrás ser un maravilloso iniciador a la vida, atento, presente y de buena voluntad. Vuestro niño será afortunado, compartirás con él todo un patrimonio de cultura, de amor por tu tierra, una mirada sobre el mundo nunca banal. Si es varón, serás un modelo para él, si es una hembra, serás un proveedor oficial de amor y ella, a su vez, amará como haya aprendido a hacerlo de ti.

En cuanto a Chiara, no me siento con derecho a darle consejos, ella tiene sus amigas y aún no nos conocemos bien, le reservo un sitio para cuando venga a Roma. Doy por descontado que es única, especial y preciosa, como dices tú, y muy muy capaz. Además de consagrada al martirio por aceptar estar con un hombre inútil para las más duras dificultades de la vida, tales como combinarse la ropa de forma coherente, respetar las fechas límite del desanimado asesor fiscal o acertar cada día con la llave adecuada para la puerta correspondiente.

Estoy segura de que ella será lo bastante inteligente como para no cometer el error fatal en que incurren la mayoría de las mamás novatas contemporáneas, y que obviamente también cometí yo. No plantarte los niños en brazos cuando vuelvas del trabajo, como si tuviera que resarcirse por haberse quedado en casa con ellos, y como si tú, hasta ese momento, no hubieras hecho nada.

[e] En inglés en el original: *core business* es un giro técnico empresarial, que se suele traducir en español por "competencia esencial" o "competencia clave", usado para referirse a aquella actividad fundamental que es capaz de generar beneficios y ventajas competitivas a una empresa dada.

Si oyes a Guido, él te puede proporcionar una extensa antología de episodios al respecto, de ocasiones en las que yo esperaba que volviera él para descansar un poco, en lugar de hacer que encontrara una subespecie de cena, un clima acogedor, algo que le hiciera desear estar con nosotros más que empastarse un diente o repasar la declaración de la renta, todo con tal de no escuchar mis lamentaciones. Lo que sea con tal de no recibir órdenes de una mujer petulante que, al final, consigue atrapar en sus garras a cualquiera que tenga más de tres años de edad, y que la escuche.

Me ha llevado algún tiempo entender que un marido no es un *baby-sitter*, que además tiene un estilo propio con los hijos y que la madre no puede controlarlo siempre todo ni meterse en todo. Aún menos delante de los niños, que nunca deben ver cuestionada la autoridad paterna. No es bueno para ellos. Si hay algo que decir, en otro lugar.

Y, en mi opinión, hay un comportamiento que una debe observar aun cuando exista mucha confianza, un comportamiento meramente formal, que impide que una madre, incluso rendida, reciba al marido en bata y zapatillas a las siete de la tarde. Yo, personalmente, por el mismo motivo, no he querido nunca que mi marido asista a mis partos, una costumbre ahora muy en boga, porque estoy segura de que no hubiera visto lo mejor de mí, y de que después hubiera estado poco creíble en actitudes seductoras, aunque ésta es una opción seguramente demasiado personal como para dar consejos.

En mi opinión, no es una buena guía de conducta compartirlo todo, en el sentido de exhibir hasta los más pequeños recovecos de la propia persona. No todas las ansiedades deben expresarse inmediatamente en el momento en que afloran (yo, personalmente, diagnostico a mis familiares enfermedades mortales y fulminantes varias veces al día), no todos los malhumores deben declararse necesariamente, no debe una perder todos los frenos inhibitorios porque se vea en el trance perturbador de la aparición de una nueva vida. ¿Cómo decirlo? Si ignoras las crisis, ellas te ignorarán a ti.

Y la nueva vida que llega no será tan perturbadora. Ha sucedido ya millones y millones de veces. Generalmente, se sobrevive. Y, si hace falta, se cambia de marcha.

Te quiero. Un abrazo fuerte.

C.

Hubo una época en que los padres eran figuras ausentes. No sólo los que volvían de la guerra y conocían a las criaturas concebidas probablemente un año antes (en el diario de un amigo de mis padres, hijo del '42, se leía con motivo de la llegada del hermanito: "Papá en Grecia, nace Gino"; el efecto era involuntariamente cómico, pero ésa era la verdad).

E incluso cuando volvían, siempre era un poco como si se fueran a la guerra. Ausentes por el trabajo, lejanos, cansados, a veces distraídos.

Si la mujer le hubiera pedido a uno de ellos que cambiara un pañal, la habría mirado como si le hubiese invitado a salir al jardín a lavar la jirafa.

Cuando estaba, el padre más bien molestaba. Al menos, eso se decía en las historias que, durante años, yo escuchaba a escondidas de las generaciones precedentes. Pero molestar también significaba encarnar la regla, la autoridad. La norma temida por los hijos e impuesta por los padres con argumentos muy convincentes como, por ejemplo, las manos.

Hacer ahora una historia de la paternidad en unas pocas líneas me resultaría un poco difícil, pero, en resumen, en cierto momento del siglo pasado se decidió que, al contrario que anteriormente, "autoridad" fuera una palabrota.

Ahora bien, es cierto que criar a los hijos bajo un régimen de terror, inducirlos a comportarse bien bajo la vigilancia de una especie de pelotón de ejecución no era la mejor de las líneas pedagógicas, pero entre aquella situación (cuyos resultados no eran siempre brillantísimos) y la actual en la que los pequeños son consultados democráticamente sobre cualquier decisión que les ataña, yo elijo la primera. Si es que se debiera elegir.

En realidad, el problema de aquella autoridad consistía, principalmente, en ser — a veces — algo torpe, no en ser demasiado fuerte. El padre se imponía sin mirar demasiado a quién tenía en frente, como un derecho suyo, que no siempre ejercía con inteligencia, generosidad, dedicación y escucha.

Ahora se escucha a los hijos, se hace un esfuerzo por comprenderlos, pero después no se tiene el valor de imponerles una autoridad firme y segura. Como con miedo a herirlos, a perturbarlos. Como si no fuera ése el mayor regalo que pueden recibir de sus progenitores: amor, sí, pero con un camino bien delimitado y no siempre cómodo de recorrer.

De hecho, al final, creo que la falta de autoridad, a veces de autoridad moral, proviene de una falta de orientación "vertical" de la vida. *Auctoritas* se deriva de aumentar, de hacer crecer. Pero ¿hacer crecer qué? ¿Hacia dónde? ¿Dónde está arriba y dónde está abajo? Estamos tan faltos de saberlo que necesitaríamos una flecha como las de los embalajes de los vasos (de eso sé yo algo, me cargué una docena de los que me regalaron en mi boda sin sacarlos de la caja; tía, perdóname, pero, por si me quieres comprar unos nuevos, eran los de cristal rosa).

Vivimos en ciudades sin catedrales, nunca levantamos la cabeza, la mirada. ¿Cómo podemos convencer a nuestros hijos de que Alguien los mira si no estamos convencidos nosotros?

Y, de cualquier forma, antes no había necesidad de tener un sentido religioso particularmente fuerte. Bastaba con un patrimonio compartido y común de conocimientos, de orientaciones adquiridas, en fin, de sentido común. No es que se tuviera que comprar uno un manual para cada cosa. Ahora te explico cómo se hacía: se le quitaba la escupidera al niño sin traumas, aprendía a dormirse sin caprichos y a comer sin ver la televisión. Había siempre una tía que lo había hecho con los suyos delante de ti sin demasiados tormentos interiores una media docena de veces, y ni siquiera tenías que preguntar por las directivas ministeriales. Lo habías visto hacer tú misma, viviendo en familias más grandes y más unidas.

A quienes llegaron a ser padres después del '68, por el contrario, les dieron en las narices con el librito de las instrucciones. Pánico. ¿Se hace así? ¿No será un trauma para el pequeño? ¿Lo confundiré? Y así se acaba improvisando, y las formas de hacer y los roles están en una revisión continua y costosísima. Nada parece más natural. Hay padres tipo "Tácito entero", los de *Querido diario*, con un hijo de doce años en la cama de matrimonio al que le leen a Tácito, entero. Hay otros que le ponen ordenador y televisión en la habitación, y él los maneja solo. Sobre todo, hay infinidad de padres agotados por esta experiencia nueva y global. Y puede que también a causa de ello haya pocos que se inclinen a repetirla demasiado a menudo. Solos, desorientados.

El parque es un buen sitio para comprobarlo. Siempre se comienza hablando — ¡qué aburrimiento! — de los niños, y se acaba por descubrir a madres, sobre todo las de más edad, exhaustas y abrumadas por las dudas. O, lo que es peor, exaltadas por su propia eficiencia que se revela en la letanía de actividades en las que el pobre niño ha tenido que participar más o menos desde el alba. Para que conste, tengo que decir que también hay una minoría de mujeres normales con las que se puede hablar incluso de política o de cine, porque yo, de dar el pecho y de buscar alimentos biológicos, ya no puedo más.

En cuanto a los padres del parque, me gustaría hacer un proyecto de ley que les impidiera el acceso con bebés de menos de un año de vida. Protejamos a los hombres de las asechanzas de un biberón demasiado caliente o demasiado frío, de un cambio de pañal sobre un banco, de un chupe roto — debe ser una ley de la física — siempre por la punta, alegremente lleno de tierra que el papá tendrá que chupar amorosamente.

Si hombres y mujeres son distintos, y ni siquiera son parientes lejanos, y para un hombre el cuidado de un niño de pecho es una empresa que requiere un esfuerzo no natural — mientras que a nosotras nos pesa, sí, pero también nos gusta —, ¿por qué obligarlo en nombre de una paridad que no existe ni jamás podrá existir?

¿Por qué no tienen pechos los hombres? Y no vale responder porque siempre estarían tocándoselos. ¿Por qué no dan a luz? Y no vale responder porque la humanidad se extinguiría, duele demasiado.

La familia es un equipo en el que cada uno debe jugar su propio papel, que es el más adecuado para él. El secreto para vivir en armonía es entender los talentos, y poner a todos en condiciones de usarlos. A veces, también con un poco de astucia. "Querido, no podrías buscar, por favor, un poco de información sobre los lagos italianos para la redacción de la escuela del mayor?". Ése puede ser un buen modo de dejar a un marido realmente cansado ante su amado ordenador. Por su parte, mi marido, sin demasiadas estratagemas, me manda a correr casi imperiosamente cuando escucha que pongo la olla sobre la placa con demasiada fuerza. Cuando vuelvo ya no me acuerdo de por qué estaba furiosa.

Por eso, cuando veo en el parque a padres que se hacen un lío con recién nacidos me pregunto si realmente están contentos de estar allí o si alguna mujer no habrá ejercido un sentido de la paridad mal entendido. La paridad consiste en tener la misma dignidad, no en hacer las mismas cosas. Cada uno según sus talentos.

En el hombre está inscrito el *nomos*, la ley, la regla. Eso debería encarnar el padre principalmente. Es un deber importante y también costoso, porque casi siempre es más fácil contestar sí que contestar no a las exigencias de los hijos. El padre indica el camino, aconseja, ayuda a elegir, orienta. El padre propone valores y objetivos. Y tiene que hacerlo contando con la libertad del hijo; eso es lo que Giussani llama "el riesgo educativo". Un riesgo que, con frecuencia, una madre, más ansiosa y asustadiza, no tiene el valor de correr.

El padre, seguro de su propuesta, con la seguridad tiene también el valor de, en cierto momento, quedarse en el banquillo, desde donde sólo se puede mirar, de dejar que el hijo camine, después de haberle dado con claridad las coordenadas.

Los valores vienen motivados, el muchacho viene acompañado con confianza y estima, con el buen ejemplo, con la escucha, con un clima sereno en la familia. Y esto es algo que padre y madre hacen entre los dos. Pero cuando el muchacho tiene que caminar por su cuenta, el padre es el que le da el valor para hacerlo. Porque él ha sido la regla.

Si llega el caso, el padre también debe saber ser misericordioso, como con el hijo pródigo, pero ¿qué misericordia puede haber si no hay ley?, ¿qué cosa has de perdonar si no sabes qué ha sido transgredido?

Los responsables de la crisis educativa son los padres que ya no hacen de padres, y las madres que no les ayudan a hacer su trabajo. Porque no se le puede pedir a un papi que sea *baby-sitter* y al mismo tiempo autoritario.

Les he preguntado a mis hijos cuál es la diferencia que hay entre su padre y yo: "Mamá no para de regañar, de repetir las cosas muchas veces, después se olvida de todo. Papá no, si dice una cosa, no la cambia". Yo diría que más o menos es así. Aparte de que yo, queridos muchachos, no sólo regaño, ¡alguna vez debo haber sido simpática!, aunque ahora no me acuerdo de cuándo. Y no me llaméis más Riñegruñerregañona. Y no es cierto que sea una juez de competición de Alemania del Este (además, ¿qué saben ellos, que nacieron todos cuando ya hacía años que el muro de Berlín se vendía a pedacitos a los turistas de la Alemania reunificada?). Pero una cosa es cierta: al final del día me olvido de todo. En el fondo, en mi locura, hay un método.

Porque nosotras, las mujeres, nos cansamos de las normas más que los hombres: desde Eva en adelante, poseemos, además del gen de la acogida, el germen de la rebelión ante la ley. Pedídnoslo todo, realmente todo. Como dijo una vez mi hija Lavinia: "Tommaso ha salido, así que sobra un poco de mamá". Aprovechad hasta nuestra última fibra, como se hace con las sobras de un pollo, pero no nos pidáis que hagamos de padres. No somos capaces.

Cristiana,

o

He visto cosas que vosotros "los hombres" no podéis ni siquiera imaginar

Querida Cristiana:

¿De cuánto tiempo dispones? Porque, si me obligas a hablar del trabajo y de los hijos, debes tener como mínimo cuatro horas de libertad y muy buena disposición anímica para conmigo. Seguramente tendré una crisis histérica, seré aburrida, me quejaré y seré petulante. Hasta podría echarme a llorar. En una progresión que se irá alimentando a sí misma, te propondré que cambies de trabajo, después que emigres, finalmente, con la moderación que siempre me ha caracterizado, que arrases con napalm todo el país.

¿Quieres que hablemos de mesas de trabajo que desaparecen tras la vuelta del permiso de maternidad, de colegas que te consideran una mentecata, de trabajadoras de serie B? ¿O hablamos del hecho de que la posibilidad de tenerlo todo es una mentira colosal? ¿O hablamos de las ayudas a la maternidad en Francia, de los incentivos al trabajo a tiempo parcial en Holanda, donde, si las mujeres lo solicitan la empresa está obligada a concedérselo y no como ocurre en Italia, donde por tener ese privilegio harían cualquier cosa, mientras dejan a sus hijos en los nidos con el corazón desgarrado y las lágrimas en los ojos?

Sobre todos esos asuntos estoy preparadísima, y soy muy, muy aguerrida.

Dentro de poco volverás al trabajo y no sabes cómo organizarte. Lo primero de todo, olvídate de alguien como Nancy Pelosi, que una vez que su quinto hijo — y subrayo lo de quinto — cumplió dieciocho años de edad — y subrayo lo de dieciocho —, salió a la calle y encontró un trabajito, no como dependienta de la mercería de la esquina, sino como *speaker* de la Cámara de Representantes, llegando a ser la mujer que en toda la historia ha alcanzado el grado representativo más elevado en las instituciones americanas. A ella no le dijeron que era demasiado vieja, ni que tenía demasiados hijos. Bueno, en eso no tienes que pensar.

Aquí estamos en el país del mundo que tiene menos hijos, aquí el mundo del trabajo está contra las madres, es decir, contra los hijos.

Es un hecho constatable. No se trata de que el mundo del trabajo rechace a las mujeres, se trata de que las mujeres no pueden cambiar este mundo del trabajo. O aceptas sus tiempos y sus ritmos o estás fuera, te marginan. No importa si en casa tienes un pequeño que espera el pecho al que tiene derecho. No importa que tengas que corregir deberes, escuchar, consolar, ayudar a dormirse, cambiar pañales y que probablemente seas capaz de condensar el mismo trabajo en menos tiempo, evitando hacer como tus colegas de la universidad, es decir, jugar con el ordenador, chatear, telefonear y hacer descansitos junto a la máquina del café; cuando en casa te necesitan, te necesitan mucho. No importa que, acostumbrada por la tarea con los hijos a hacer al menos tres cosas a la vez, en el trabajo te las arregles bien, con rapidez, y que, después de haberte enfrentado a vómitos a escopetazo, a puntos de sutura en la cabeza y a convulsiones nocturnas, no temas imprevistos de ningún género.

Aquí no estamos en Noruega, donde hasta una primera ministra abortista como Gro Harlem Brundtland llegaba a comprender que era bueno poner las reuniones a las ocho de la mañana, de modo que las mujeres pudieran acudir a ellas inmediatamente después de haber dejado a los niños en la guardería. A las cuatro todos a casa. Y no estamos hablando de los empleados de Correos, sino de hombres y mujeres de estado.

Aquí, nosotras, las mujeres, estudiamos con la idea de que lo tendremos todo, carrera e hijos, pero no es verdad. No es verdad, salvo raros casos de profesiones maravillosamente libres, manejables, flexibles, adaptables a los periodos de la vida de una madre y de sus hijos. O salvo el caso de jefes iluminados, como la mía, Ilda Bartoloni, con la que se podía discutir ferozmente sobre aborto y feminismo, discusiones que incluían el lanzamiento mutuo de cintas de vídeo, pero que sabía entender las exigencias de una madre dispuesta a irse de viaje de trabajo con el bocadillo en el bolso — un Fendi con aroma a jamón — y con billetes de avión de ida y vuelta en tiempo récord: una hora y tres cuartos de permanencia en Palermo, seis horas en Estocolmo y cuatro en Berlín. Sea como sea, nada de paseos por la ciudad y nada de comida ofrecida por la agencia de prensa en el restaurante más caro de Viena, para poder estar de nuevo en casa con la entrevista rodada, a tiempo para la exhibición de karate o para la segunda dosis de antibiótico. Pero Ilda murió y nosotras, sus "muchachas", la echamos de menos por muchos motivos, y el menor de ellos no es que supiera gestionar el grupo como sólo sabe hacerlo una mujer: cada una contribuye al resultado utilizando lo mejor que puede sus propios talentos para optimizar, para adaptarse, sus propias habilidades para arreglárselas sin comer y sin dormir, para escribir un artículo en un aeropuerto y las preguntas para la entrevista en la sala de espera del pediatra, para leer el resumen de prensa viendo *Bambi.*

Hoy Ilda ya no está y nosotras, sus muchachas, nos hemos hecho mayores, y hemos tenido que aprender a dejarnos la piel por el camino: o nuestros hijos no tendrán la presencia que esperan o en el trabajo nos veremos sobrepasadas a diestro y siniestro por cualquiera que muestre más integración y más dedicación.

No se pretende que una madre que trabaja tenga también poderes sobrenaturales, que consiga llegar a todo, que mande a sus hijos a la fiesta de cumpleaños con dulces hechos en casa (yo siempre estoy en la lista de las que tienen que llevar bebidas o porquerías tipo patatas de bolsa, me precede la fama de mi nulidad culinaria), con el disfraz de rana cosido por sus hábiles manos la noche anterior y que al mismo tiempo alcance a promover el crecimiento cultural de la joya de la casa introduciéndolo en el arte y en la literatura entre exposiciones y bibliotecas.

Pero, por la misma razón, una madre que trabaja debe poder estar presente para escuchar cuando hace falta, no está bien que siempre se vea obligada a responder "Un momento, ¡ahora no!"; porque todo el tiempo que tenga libre de trabajo debe emplearlo en la subsistencia física de la prole. Prole que después puede ir a la fiesta con un dulce comprado al que se la ha quitado el envoltorio, algo necesario para camuflarlo vagamente como dulce casero, pero que sabe que, si la necesita, su madre es accesible y no sólo a través del teléfono móvil. Las manos que todavía tienen hoyuelos en el lugar de los nudillos deben poderla encontrar cuando la necesiten.

En la cola para la tutoría con las maestras de primaria se cotillea, se comparan las parejas, se proponen incluso intercambios temporales de maridos — el mío hace la compra; el mío no, pero ayer se acordó de nuestro aniversario; el mío el mes pasado se dio cuenta de que había ido a la peluquería; "¿cómo?, ¿de verdad, de verdad?" —, pero hay una única cosa en la que siempre se está de acuerdo. Las madres que trabajan están todas agotadas por su doble papel. Se asoman a la ventana a tender la ropa a medianoche y se saludan entre ellas desde un lado a otro del patio interior. Siempre faltas de tiempo, sobre todo de tiempo para sí mismas, que es el primero a que se renuncia. Y todavía se sigue hablando del trabajo como de una conquista.

"Lavinia, ¡qué dibujo más bonito!, ¿quién es ésta?", le pregunté hace unos meses a mi hija, implacable observadora infiltrada en mi casa. "Eres tú, mamá". "¿Y por qué me has dibujado con un plátano en la cabeza?". "No es un plátano, es que tu pelo es así: por debajo marrón y por arriba amarillo". El pelo que crece. Quizás era el momento de darles un retoque a mis mechas, resignadas ya a una visita semestral al peluquero. Eso es, con el tiempo para nosotras mismas podemos hacer la vista gorda. Con el tiempo que estamos obligadas a quitarnos por las exigencias de los hijos, no.

Y, de hecho, la última vez, entre las madres — ejecutivas, ingenieros, economistas — que hacían cola para la tutoría con las maestras no encontré ni una sola que de buena gana no hubiera disminuido el ritmo de su trabajo, un trabajo que hemos conquistado con fatiga y que a veces se convierte en una prisión, aun cuando sea importante, noble, incluso gratificante y bien retribuido.

Así que, querida Cristiana, no hay un buen viático que te acompañe de vuelta a tu mesa de trabajo. No obstante, puedo decirte que estoy segura de que lo harás bien, de que tú también sabrás encontrar tu ritmo, tu modo de compatibilizarlo todo, y aunque no te voy a meter el rollo de que mejor la calidad que la cantidad, es verdad que algo cuenta la calidad.

Cuando era interina y alternaba periodos de trabajo con periodos de ama de casa, aprendí que no basta con estar presente para estar realmente. También porque, lo mismo que yo, la tata también era un poco interina: cuando yo estaba en la casa renunciaba a su ayuda durante unas horas. En esos periodos, me di cuenta de que dedicaba casi todo mi tiempo a tener en orden la casa: la casa se puede convertir en un agujero negro en el cual el tiempo desaparece, hasta el infinito. Y a veces me ha pasado, en periodos de trabajo, que he fingido no ver las manchas de yogur que adornaban mi parqué para dedicarme con toda mi mente a los niños; he abandonado montones de ropa sin planchar para llevar a futuros expertos en arte a los Museos Vaticanos, para enterarme después de que la momia es mucho mejor que la Capilla Sixtina, pero no importa, mientras tanto ven, digieren.

Tú también conseguirás trabajar y encontrar tiempo después para organizar un megaatasco de cochecitos de juguete, para hacer la comida y para escuchar la crónica de una pelea de las que hacen época con el amigo del alma. Es verdad, serás siempre demasiado geóloga para ser mamá, y demasiado mamá para ser geóloga. Retrasada en la entrega del informe o con problemas para atender las relaciones públicas de tus hijos. Distraída al escribir en el ordenador porque estás dando el pecho y con problemas en el destete — sopa de sobre en lugar de puré hecho a mano con calabacín biológico — porque tienes una reunión. Siempre un poco fuera de lugar en todos sitios, y a este respecto tengo que citar a mi amigo Paolo que, como el masajista de un equipo de fútbol, en la foto para el póster, siempre se ve por allí hecho un lío preguntándose si tiene algo que ver de verdad con el grupo que posa, con una media sonrisa tensa.

Ánimo, adelante de nuevo y, si te hace falta un salvavidas, aquí estoy yo.

C.

¿Está bien que trabajen las mujeres?

Es una de las pocas preguntas a las que no sé qué responder, yo que normalmente deambulo por el mundo con un buen cuchillo entre los dientes para ir dando tajos, sin esperanza de sutura, que separen el bien del mal, lo justo de lo injusto, lo verdadero de lo falso, tanto en mi vida como, y que Dios me perdone, también a veces en la de los demás. Multicultural para nada, absolutamente no ecuménica, antagonista de la duda por los cuatro costados.

No obstante, en este asunto, la cuestión es un poco más compleja y, por tanto, sólo puedo aspirar con mi respuesta al máximo de coherencia posible.

Una mujer no puede trabajar tanto como un hombre, si tiene hijos; ni a la manera de un hombre, aun cuando no tenga hijos.

Para una mujer, el trabajo debe poderse adaptar a las fases de las vidas de las personas de las que se hace cargo esa mujer, y siempre debe tener cierto estilo de acogida.

No es que no me dé cuenta de que, cuando menos, estoy "fuera de tono", pero me consuela pensar en las mujeres de carne y hueso que conozco, que no escriben y que no marcan tendencia, pero que existen y que también son muchas.

Lo que hay que preguntarse es: ¿qué es lo bueno para mis hijos, para mi familia, para las personas que me necesitan? La respuesta a esta pregunta ocupa el primer puesto, antes que mi realización, que es sacrosanta, pero que va después, antes que el tiempo para mí misma, antes que la independencia económica, antes que poner en práctica lo que estudié.

Con el susodicho cuchillo entre los dientes me aventuro a afirmar que el niño, en sus primeros tres años de vida, tendría necesidad de una presencia casi constante de la mamá, sólo con ausencias reducidas, que no deben convertirse ciertamente en la parte preponderante de la jornada. Al menos el primer año, hasta un ciego vería que el niño quiere, y tiene derecho, a su madre. Una sociedad que no tiene en cuenta esto es una sociedad que maltrata a los niños. Se pueden dar todas las justificaciones económicas y organizativas que se quieran dar, pero debe quedar claro que en su nombre se pisotean los derechos de los más débiles.

Y no me estoy poniendo como ejemplo, pues con los dos primeros niños no me fue posible dejar durante mucho tiempo el trabajo, al precio de dolores de tripa, corazón encogido y discos absorbe-leche empapados.

No estoy convencida de que conquistar la posibilidad de dejar a los propios hijos en el nido o con una *baby-sitter* o incluso con abuelos maravillosos sea una emancipación. No estoy segura de que sea un bien dejar a los hijos la mayor parte de su jornada en la escuela, a tiempo completo y, por tanto, sin seguirlos en los deberes y poniéndolos en manos de enseñantes que, si uno tiene suerte, pueden ser hasta buenísimos, pero que, sin embargo, no se pueden elegir. No estoy convencida de que entrar en el ciclo de la producción y el consumo a tan alto precio sea una emancipación. No estoy segura de que compartir con el padre al cincuenta por ciento el trabajo de la casa, confundiendo roles y provocando malestar en ambas partes sea una emancipación. No estoy convencida de que este malestar sea ajeno a tantas crisis en las relaciones.

Hay trabajos y trabajos, eso es cierto. Con frecuencia se trata solamente de una fuente de ingresos, que se hace indispensable para una subsistencia decorosa, y entonces quizás sería oportuno revisar alguna cosa. Si antes era suficiente con un salario, y ahora no basta con dos, quiere decir que alguien ha contratado dos trabajadores al precio de uno. Entonces, algún sabio economista debería ayudarme a entender una cosa: ¿debemos disminuir nuestro nivel de vida consumiendo menos, eliminando exigencias que hoy nos parecen imprescindibles, pero que ayer eran sólo lujos, o no será quizás que lo necesario para vivir, la casa sobre todo, cuesta realmente demasiado para un solo sueldo, con el que, sin embargo, antes bastaba?

Luego, hay trabajos que sirven principalmente como gratificación, y para tener un nivel de vida más alto, y que a primera vista son numerosos. En este caso, bajar el ritmo cuando hay hijos pequeños es un deber, y quien no lo cumple es un(a) egoísta, el paréntesis no es un error tipográfico.

Cuesta tanto hacerlo porque, por algún motivo, se piensa que el trabajo que se hace fuera ennoblece más que el que se hace en casa, donde el público encargado de emitir certificados oficiales de estima es más limitado, y tiende a considerar que tiene derecho a todo. Digamos que, ciertamente, en casa las gratificaciones no siempre caen como copos, y cuando llega un elogio hay que guardarlo e ir administrándolo durante los tiempos en que, como es usual, una es considerada como un elemento doméstico más, al que no hay que honrar de forma especial, del mismo modo que nadie le da las gracias a la lavadora cada vez que acaba el centrifugado. "Bernardo, ¿estás contento de que mamá cambie de redacción, de que vaya a una que le gusta más?". "¿A mí qué me importa? Para mí no cambia nada. ¿No sabes la ley de oro: cada uno se pone contento de lo suyo?". "No me parece para nada una buena ley", le grito sofocadamente al descubrir lo poco que les he enseñado los fundamentos de la caridad cristiana, por no decir la ausencia total de trazas de amor filial. "Y además voy a estar más cerca de la máquina de las chocolatinas". "Entonces sí que estoy contento, así cuando vaya a buscarte no tengo que subir las escaleras para ir a coger el Kinder".

Con todo — al margen de esos golpes que hacen vacilar la autoestima de una madre —, para educar a mis hijos casi siempre intento usar mi inteligencia (está claro que con escasos resultados) al menos con la misma intensidad que la uso en el trabajo, donde, por otra parte, una se cansa mucho menos.

Conozco a una madre genial de seis hijos, licenciada en filosofía, que se ha quedado en casa tan feliz, y a otra madre genial de seis hijos que trabaja de psiquiatra tan feliz. Quizás sea ahora el momento de revisar la acostumbrada contraposición entre gratificación y renuncia, ahora que ya tenemos la libertad de trabajar, y que quedarse en casa no es una opción obligada. Alguna, pudiendo hacerlo, podría elegir esto último con alegría, sin sentirse por ello disminuida.

Es decir, que hay mujeres y mujeres. Hay algunas que se ven forzadas a trabajar consumiéndose de nostalgia por el pequeño de pocos meses que les ha robado el corazón y hay otras que jamás renunciarían a la propia independencia económica, de tiempo, organizativa, aun siendo ricas a reventar. Hay algunas que van a trabajar para descansar, y que fingen tener tareas pendientes más allá de su horario, para no tener que combatir con los hijos en casa. Hay algunas que envían al nido al niño de cuatro meses aunque trabajen por la tarde, así pueden ir al gimnasio por la mañana para subir glúteos. Hay algunas que, sin el trabajo, no saben quiénes son, no son reconocidas socialmente, no se sienten realizadas.

En fin, hay trabajos con los que se puede contribuir a hacer un bien también fuera del ámbito familiar. Nosotras, las mujeres, podemos hacer muchísimo para tener hospitales más misericordiosos, periódicos menos vacíos, tribunales más eficientes, escuelas más estimulantes, oficinas más operativas. Hay que encontrar el modo de hacerlo, es necesario. Sabiendo, no obstante, que nuestro primer deber es nuestro marido y nuestros hijos.

Hemos peleado mucho para tener esta posibilidad: una larga lucha; baste pensar que, hasta los años sesenta, el gobierno italiano, liderado por Fanfani, no le quitó a las empresas el derecho a despedir a las mujeres cuando se casaban y corrían el riesgo de tener hijos.

Ciertamente, el problema de la conciliación existía y existe. ¿Es posible esa síntesis? Lo ignoro.

El trabajo, tal como yo lo veo, debería ser flexible y moldeable en el transcurso de la vida. Debería ser posible, por poner sólo un ejemplo, algo así como estar en excedencia durante unos años, pero con dos condiciones, que me hacen reír con sólo escribirlas, por lo lejanas que están de la realidad.

En primer lugar, son necesarias ayudas familiares sustanciosas, o el famoso cociente, algo que no sea una limosna y que no obligue a los voluntariosos padres a disponer unos cartones y un poco de plástico para fabricarse una habitación en la galería cubierta más cercana.[a] ¿Por qué, por ejemplo, no dedicar a este fin una parte de los fondos recuperados en el torbellino de la evasión fiscal, dado que un hijo educado respetará las reglas y cumplirá con sus deberes pagando también los impuestos?

La segunda condición es que exista también la remota posibilidad de que, al volver al puesto de trabajo — suponiendo que se haya conquistado un puesto estable antes de los cuarenta años, cuando los ovarios están ya para la jubilación —, no te manden a limpiar los sanitarios o a hacer fotocopias.

Pedís demasiado, me dicen las colegas sin hijos. Cierto, es verdad, si trabajar bien e intentar ocuparse bien de los hijos es demasiado, sí, quiero demasiado.

Una posición legítima para aquellos que consideren que tus hijos son fundamentalmente asunto tuyo, por no usar otra palabra. Y quizás también para quienes piensen que, en nuestros tiempos, una madre es un estorbo en el trabajo.

Si, por el contrario, pensamos que los hijos son un bien para todos, y no sólo porque pagarán las pensiones, bla, bla, bla..., sino porque ellos serán los que le den su impronta al mundo venidero, entonces quien quiera dedicarse a la educación será ayudado y favorecido. Que una madre se quede en casa no es, ciertamente, garantía de nada, todo el mundo podría citar ejemplos

[a] En Italia, el llamado *quoziente familiare* es un índice ideado para medir la renta de la familia en relación con su tamaño. Se utiliza, según se dice, para garantizar la equidad en la fiscalidad y para regular las ayudas públicas a las políticas de incentivación de la natalidad.

selectos de madres siempre presentes y muy inútiles, cuando no dañinas, es verdad. De hecho, si alguien tiene la fórmula mágica del éxito en la educación de los hijos, que me la dé, por favor. Pero lo cierto es que delegar, aplazar y no tener tiempo no ayuda nada, porque lo contrario es precisamente lo que hace falta para manifestar amor, y para enseñar a los muchachos a razonar, para suscitar en ellos la curiosidad, para apasionarlos, para acompañarlos hacia un horizonte elevado. Yo no sé cómo se hace, pero seguro que largándose no es.

Mi sueño sería jubilarme ahora durante un decenio, y devolverles a la empresa y a la sociedad los diez años de trabajo cuando yo tenga sesenta. La primera vez que se me ponga a tiro el Ministro de Trabajo se lo propongo. Ya me imagino el entusiasmo con que será acogida mi idea.

Pero, mientras que ahora tengo agotamiento crónico y me duermo en cualquier superficie susceptible de sostener mis miembros exhaustos, a los sesenta, si llego, quizás me vea obligada a inventarme algo para fingir tener todavía alguna responsabilidad. Mi marido profetiza que seré insoportablemente hiperactiva. Piensa que se me va la cabeza y compro una caravana para recorrer el mundo y matar el tiempo (dos actividades que odio a muerte), como aquel Jack Nicholson recién jubilado de la película más desesperada del decenio, *A propósito de Schmidt*. ¿No sería mejor tener ahora ese tiempo, ahora que con sólo convertir en trabajo las horas de sueño alcanzaría casi a todo lo que tengo que hacer?

Todos los días, desde hace una docena de años, me voy a dormir a altas horas de la noche y con un montón de cosas atrasadas de todo tipo, ropa, mochilas, facturas, lecturas, y le advierto a mi marido que me levantaré a las seis — objetivo para el que normalmente faltan en ese momento unas cuatro horas —, que iré a la austera misa de los frailes de las seis y veinte y después seguiré a lo largo de la muralla aureliana dándome una tonificante carrerita de una media hora. Volveré a casa, meteré en el horno los cruasanes, me daré una ducha vigorizante y después, tras echar una ojeada a los periódicos, los despertaré a todos canturreando "Quiero vivir así, con el sol de cara...".[b]

Me hubiera gustado conseguirlo sólo una vez, una en doce años. En realidad, mi marido me echa fuera de la cama a empujones cuando ya se me hace tarde hasta para llevar a los niños a la escuela a su hora, y mi jornada se inicia con un desfase fijo de una hora y media con respecto a mi lista de tareas.

Por tanto, en espera de obtener ese derecho a la jubilación anticipada en unos veinticinco años, hay que intentar conciliar el trabajo y la casa, limitando los daños, reduciendo los programas y aceptando los retrasos propios. Será necesario intentar no hincar la cabeza en la mesa de trabajo tras una noche pasada poniendo paños húmedos en frentes febriles, y habrá que improvisar una expresión facial de inteligencia cuando el jefe te hable de algo que sucedió la tarde anterior, y que todos saben, y a la que todos aluden porque fue la apertura del telediario de las ocho y la comidilla de todas las tertulias nocturnas, mientras te esfuerzas por adivinar si se ha muerto Obama o si China ha decidido recuperar todos sus créditos y hacer quebrar a medio mundo, pero vas a tientas en la oscuridad, porque tú, a las ocho, estabas viendo a Chip y Chop o recogiendo sopa derramada.

Sin embargo, cada vez que, en los periódicos o en los debates públicos, se habla de conciliación sólo se habla de aumentar el número de guarderías nido, nunca de política de auténtica fle-

[b] *Voglio vivere così* es una canción italiana de los años cincuenta que hizo popular el tenor Ferruccio Tagliavini. Hay versiones suyas de los mejores tenores de los últimos tiempos, una de las mejores de Luciano Pavarotti.

xibilidad. Las guarderías donde dejar a los niños de tres meses no son la verdadera ayuda que hace falta para la conciliación. La verdadera igualdad de oportunidades se tiene cuando se permite a la madre quedarse en casa con los niños pequeños, no matarse a trabajar dentro y fuera de casa, dejando a su niño de pecho en manos de otra.

Está claro, por tanto, que la mujer no puede trabajar como el hombre, sino que tiene que encontrar una manera propia, una medida propia, un estilo propio. No es justo que se la obligue a elegir: o aceptas las reglas, los tiempos, los modos de los varones, dejando aparte todo lo que tienes en casa, o estás fuera. En muchos oficios, me cuentan las amigas, cuenta muchísimo el estar ahí. Horas y horas en el ordenador, aunque sea navegando a la deriva por los mares de Internet, jugando al solitario, leyendo horóscopos, telefoneando a parientes lejanos y a amigos improbables, con toda una serie de pausas junto a la maquinita para degustar tristes brebajes de nombres inquietantes: una bebida con cierto regusto vago y lejano que recuerda al té. Cualquier cosa con tal de no abandonar la mesa de trabajo hasta media tarde, manteniendo los codos hincados con tenacidad para hacer ver a todo el mundo que se está allí, que sin esa presencia la empresa no puede avanzar, que se es imprescindible. Una mujer que tiene que hacer una infinidad de cosas en casa tenderá, cuando sea posible, a concentrar el trabajo en menos tiempo, a acortar los tiempos muertos, para correr a casa. Sólo que, debido a un perverso mecanismo que mi pobre mente no alcanza a penetrar, esa habilidad — hacer las cosas en menos tiempo — no se considera un valor, sino una limitación. Si tal es el criterio para juzgar, la mujer siempre sobrará. Al menos, mientras la organización del trabajo no prevea la integración de las exigencias familiares, con flexibilidad e inteligencia, por el interés de los niños que todos decimos defender, y del que todos se desinteresan, obligándonos a hacer sacrificios costosísimos en el altar del éxito en el trabajo. O a renunciar. Sería un crimen, porque lo hacemos bien, tenemos algo que ofrecer. Basta observar la diferencia entre chicos y chicas en la escuela. Desde un punto de vista estrictamente escolar, no hay punto de comparación. Las chicas están por encima de sus compañeros, por mucho. Ciertamente, no todo es el rendimiento escolar: las biografías de los genios están llenas de obtusos profesores que no supieron comprender una cualidad tan sutil como la inteligencia.

No obstante, es un hecho que, desde la guardería hasta la universidad, las mujeres son mejores, más diligentes y más rápidas para acabar los estudios. Por tanto, me pregunto en qué momento sobreviene el adelantamiento. Exactamente en qué punto entre el primero de primaria y la presidencia del Fondo Monetario Internacional pierden las mujeres toda su inteligencia, su audacia y su capacidad de trabajo. ¿Cómo es que las maestras las consideran mejores y, en cambio, en los *boards* de los organismos de poder no existen? En qué punto de su formación se ofusca tanto su inteligencia como para impedir que cuenten algo en los centros reales de poder, es decir, en la economía?

Es obvio que no es un problema de valor, sino de poder. Quien lo ostente tiene que ser fiable, ha de decidir basándose en la lógica interna del poder, que debe ofrecer garantías de automantenimiento. Por eso, ahí no llegan las mujeres, porque las mujeres son acogedoras y el poder tiene otra lógica. No está hecho para nosotras. El poder como afirmación de uno mismo, a la mayor parte de nosotras no nos interesa.

Echarles la culpa a los demás, aun siendo una práctica bastante difundida, es señal de inmadurez. Y también es algo aburrido. En consecuencia, nosotras, las mujeres, debemos salir de la lógica de la queja y tomar nota de que somos diferentes. No es una conjura, no es la opresión, es que estamos hechas para otra clase de poder. Cuando lo obtenemos, tenemos que aplicarlo como una responsabilidad en la organización, como hace una madre: no como un jefe supremo que decide por todos, sino como una persona inteligente que comprende lo que los suyos saben hacer y asigna su puesto a cada uno.

Las mujeres saben gestionar a las personas, las situaciones, las emergencias. *"I can manage any crisis: I have children"*, dicen los adhesivos que se ven en los cochazos americanos de siete plazas. Es cierto que una mujer puede gestionar cualquier crisis: ve por delante, por detrás, por los lados, con los ojos, con las orejas, con las manos y la nariz. Somos capaces de atender más frentes, de resolver los problemas más velozmente en el trabajo y sin olvidar lo que está sucediendo en casa. Así que imagina qué miedo nos puede dar un equipo de grabación que no llega, el seguimiento de un ministro o una huelga de aviones. Un solo problema cada vez no es nada. Soportamos la fatiga y el dolor mejor que los hombres, como puede atestiguar cualquiera que haya tenido en casa a un hombre con fiebre, que con treinta y siete y medio empieza a dictar su última voluntad.

Sin embargo, no estamos hechas para el poder. Y las mujeres que llegan a alcanzarlo, con frecuencia acaban enfurecidas, porque traicionan su propia naturaleza, inseguras y, a menudo, violentas. Y si bien repudian una parte de su propia feminidad — la dulzura, la apertura —, hay otra parte que sacan fuera encarnando los estereotipos más decadentes. Pueden volverse histéricas, irracionales, pasionales y capaces de maldades que un hombre no soñaría jamás.

Ésta es la duda que nos atenaza, sin que consigamos llegar a un acuerdo — demasiado breves las pausas para el café, o las llamadas de teléfono mientras se hacen las pechugas de pollo empanadas, caballo de batalla de las madres trabajadoras —: ¿las mujeres se vuelven malas cuando llegan al poder, o llegan a él porque ya eran malas antes?

Marta,
o
Somos más grandes que vosotros y ésta es nuestra casa*

Querida Marta:

No he podido llamarte antes, y ahora es más de medianoche y ya no me parece oportuno. Mejor para ti, porque sabes que vuelves a estar en mi lista de amigas de emergencia, de esas a las que se puede dar la lata en caso de necesidad.

Eso sin contar, además, con el hecho de que eres mayor, mucho más sabia e infinitamente más equilibrada que yo, y que posees las cualidades de la premonición y del sentido común, este último totalmente desconocido para mí.

Tus hijos son mayores que los míos, contemplas los problemas desde la distancia justa y, además, el dolor que has afrontado y aceptado a lo largo de la vida te ha hecho buena, y dócil, y tranquilizadora.

Por eso, como si no te bastara con lo tuyo, también te tragas mis peticiones de ayuda, aunque a ello me autoriza Virgilio: *non ignara mali, miseris succurrere discis.*[a]

* La frase que sirve de título es de Jean Kerr. Véase la nota "b" en la página 164.

[a] El repetido proverbio de Virgilio dice exactamente: *non ignara mali, miseris succurre disco*, es decir, "habiendo conocido la desgracia, aprendí a socorrer a los desgraciados". La autora lo reproduce aquí en segunda persona: *non ignara mali, miseris succurre discis*, es decir, "habiendo conocido la desgracia, aprendiste a socorrer a los desgraciados", refiriéndose a su amiga Marta.

Si hubiera podido antes, te hubiera castigado con una llamada de teléfono. Una de esas en la que se hace revisión total, balance periódico.

Mi marido dice que yo debería comprender que "¿Cómo estás?", en italiano, es una fórmula convencional, de cortesía. Si alguien te dirige esa pregunta, que es una frase hecha — puntualiza ese oso que es mi consorte —, no quiere decir que realmente tenga una profunda curiosidad por saber en qué punto te encuentras de tu parábola existencial. No es que el incauto conversador quiera en realidad que abras ante él los últimos volúmenes de tu diario, guardados para la ocasión desde el bachillerato hasta hoy.

Yo le respondo que no me explico, por el contrario, cómo es posible convivir día y noche con los colegas en un viaje de trabajo intercambiando sólo mediante gruñidos exiguas informaciones estrictamente necesarias para la supervivencia, o sea, lo último sobre el mercado de fichajes y la dirección del restaurante donde se cena. Los hombres son capaces de pasarse una semana en Malasia y, después, a la vuelta, no traer información básica para compartir en casa. ¿Cómo está tu colega? ¿Es feliz? ¿Está enamorado? ¿Se casa? Que no lo sé, que no se lo he preguntado. Una afasia sobre las cosas fundamentales incomprensible para mí, para muchas de nosotras, creo, que tendemos a improvisar sesiones para compartir hasta en la cola para el balancín en el parque. Vamos directas a lo esencial.

Si te hubiera llamado, al oír tu "¿Cómo estás?", saltando como un resorte, habría empezado a leerte la lista de todas mis dudas más recientes sobre educación, yo, que sobre ese tema estoy madurando la convicción de ser la campeona mundial de error con pértiga. Miro el listón, inicio la carrera y adelante. Siempre más alto. Y con todo, lo pienso, lo razono. Me preparo. Esta vez no lo tengo que hacer, esta vez me las sé todas. Allá voy, y otra equivocación.

Lo importante, y ése es mi consuelo, es no llegar a ser campeones de error de longitud. No perseverar, diabólicamente. Corregirse, incluso pedir disculpas en ciertos casos, y sobre todo confiar en Aquel que nos ha confiado a esos hijos, creyendo en nosotros más de lo que nosotros confiamos en Él, y a menudo también más de lo que nosotros creemos en nosotros mismos.

Esta noche, sin embargo, nada de teléfono. Urgía un curso acelerado de recuperación de (sub)cultura contemporánea: hemos visto juntos un poco de televisión.

Nos hemos topado por casualidad con una producción de ficción italiana, de esas con personajes minuciosa y torpemente trabajados: el insociable de corazón de oro, el malvado y la chica ligera; rodada y montada más o menos con el mismo estilo y personalidad que la película casera de una comunión. En honor a los dirigentes de la cadena que habrán invertido una fortuna, tengo que decir que a mis hijos les ha complacido bastante: era perfecta para niños de primaria a los que, como es sabido, les gusta localizar rápidamente cuál es el bueno y a quién hay que apoyar.

Decidí que los mayores vieran un poco de televisión porque ayer tuve en casa a dos amiguitos de mi hijo, el filósofo taciturno de ocho años. Estaban en el jardín o, mejor, en ese espacio que tú no has visto todavía, pero al que te costaría trabajo, lo mismo que a mí, llamar jardín, a nosotras, que somos de la Umbría y tenemos grabadas en el recuerdo las colinas que sirven de fondo a las Madonnas de El Perugino. Aquí, en vez de eso, desde detrás de la hiedra se entrevén coches y motos malolientes y ruidosos. Un espacio que, no obstante, en el corazón de Roma, en el barrio de San Giovanni, es realmente precioso, y de hecho es un destino ambicionado por los amigos de los niños.

Aquí, entre otras cosas, gozan de inmunidad respecto de los adultos, puesto que prefiero dejarlos solos, siguiendo tu línea conductual de tan elevado poder ansiolítico: la afectuosa negligencia. Sólo intervengo cuando veo chorros de sangre o pedazos de miembros arrancados.

De vez en cuando se da un uso impropio de las pistolas de agua, e intercambios orales con los niños de los balcones adyacentes que no siguen exactamente las reglas de la Accademia della Crusca,[b] niños definidos elegantemente como "los idiotas del segundo piso", pero yo finjo que no oigo nada, teniendo presentes nuestros juegos de infancia en los que, sin la mediación de los padres, se aprendía un poco a vivir. Así, precisamente en uno de estos momentos de autogestión, la panda de los amiguitos abordó a una señora que pasaba por fuera, detrás del seto. "¿Cómo te llamas?". "Barbara". "¿Sabes que soy hijo de un famoso? Soy hijo de Massimo Boldi", dijo uno de nuestros invitados, que quería impresionar a la señora. "Y yo de Christian De Sica", prosiguió el otro. Mi hijo Bernardo no conseguía recordar a ningún personaje "famoso" con el que asombrar a la transeúnte. "Yo soy hijo de Lillo", fue lo único que pudo encontrar en su memoria.[c]

De hecho, de vez en cuando escuchamos en la radio *Sei uno zero*, el programa de Greg y Lillo.[d] El más pequeño de los dos niños a los que representan esos cómicos es Normal Man, una persona vil, maleducada y miedosa que algunas veces adquiere superpoderes y se convierte en alguien normal. Así consigue llevar a cabo hazañas de ordinaria — y desaparecida — buena educación, como ayudarle a llevar la compra a una viejecita.

Desgraciadamente, casi todos los personajes famosos en nuestra casa murieron ya hace tiempo: Charlie Chaplin, los hermanos Marx; ni siquiera Huckleberry Finn goza de muy buena salud.

---

[b] La *Accademia della Crusca* es una sociedad de lingüistas y filólogos italianos fundada en Florencia en 1583 para velar por la pureza de la lengua. El término italiano *crusca* significa "salvado". La metáfora hace referencia a que la labor de la *Accademia* es como la de separar la paja del grano.

[c] Massimo Boldi (1945) es un actor cómico italiano y Christian De Sica (1951) es actor dramático y director de cine. Lillo, llamado en realidad Pascuale Petrolo (1962), es, junto con Claudio Gregori (1963), uno de los componentes de la pareja de humoristas, cantantes y actores conocida como Lillo & Greg.

[d] La expresión italiana *sei uno zero* puede entenderse como una terna de cifras "seis, uno, cero" o bien como la afirmación "eres un don nadie".

Es culpa nuestra, me temo. El mayor quiere fundar los *Thirty too late*, un grupo musical para aquellos que nacieron con treinta años de retraso. Es un muchachito peculiarmente despierto, criado con las tiras de Charlie Brown y Snoopy, con Bruno Bozzetto y con el *Giornalino di Gian Burrasca*.[e] Por dar una ligera idea, "Por favor, ¿me pasas el agua?", en su lenguaje se dice: "Necesito cerveza y noticias frescas". "Voy al baño": "Tengo una reunión en la sala oval", y cuando salimos de viaje, después de la oración, la fórmula ritual es: "Tenemos el depósito lleno, medio paquete de tabaco, está oscuro y los seis llevamos puestas las gafas de sol. ¡Adelante!".

Hoy, por primera vez, me he sentido culpable de haber mantenido a mis hijos tan alejados de las referencias comunes. Y ésa es una de las dudas educativas que me asalta desde que soy madre de un preadolescente.

¿Cuánto hay que estar en el mundo para estar en el mundo y no ser del mundo? Y, una pregunta mucho más modesta, ¿hay algo en la televisión que se pueda ver? ¿Basta con ver buenas películas para no ser un inadaptado? Sé que tampoco tú estás en la línea de los padres bio, que la emprenden a garrotazos con cualquier pantalla que se interponga entre sus retoños y la dosis diaria de juegos políticamente correctos hechos con materiales reciclados.

Por otra parte, el cine es precisamente la única forma de arte nacida en el siglo XX, y aunque *con juicio* (tras la aportación artística de la

[e] Charlie Brown y su perro Snoopy son los protagonistas de las famosas tiras cómicas *Peanuts* creadas por Charles M. Schulz (1922-2000). Bruno Bozzetto (1938) es un conocido creador satírico italiano, cuyo personaje más célebre es el llamado señor Rossi, un hombre pequeño y desgraciado protagonista de muchos cortometrajes animados y de alguna película convencional. Por último, el *Giornalino di Gian Burrasca* es una novela de humor escrita para jóvenes en 1907 por Vamba (un pseudónimo de Luigi Bertelli). Está escrita en forma de diario. Del diario de Giannino Stoppani, llamado Gian Burrasca por su familia a causa de su carácter más travieso que malvado, sobrenombre que ha quedado habitualmente en Italia para designar a los jovencitos indisciplinados (el término italiano *burrasca* significa "borrasca" o "tormenta").

película *El increíble Hulk* he comenzado a alimentar alguna duda), yo diría: *adelante*.[f]

No es necesariamente un síntoma de gran inteligencia hacer lo que yo hice, que cuando me puse novia había visto en total dos películas, *Cenicienta* y *Harry y Sally*, a menos que se valore el hecho de que una la había visto — con rapto religioso — veinticinco veces.

Para castigo mío, me casé con un montador. En los primeros tiempos, intentó darme un cursillo de recuperación. Me daba la videocasete, qué tiempos aquellos, y me llamaba a casa por teléfono. "¿Estás viendo a Bergman?". "Sí, claro". "¿Y qué es ese ruido de agua?". "Estoy lavando los platos". "¡No se puede hacer eso! — me gritaba en la oreja — ¡No puedes ver a Kubrick, a Bergman, pero es que ni siquiera a Billy Wilder, ni siquiera a Cameron Crowe, lavando los platos!". Confieso que sigo encontrando perfectamente factible la operación, más que nada porque, normalmente, si me siento me duermo.

En la jornada de un padre o una madre, como sabes mucho mejor que yo, hay una serie infinita de decisiones que tomar, sobre las que es bueno tener una posición razonada y clara desde el mismo momento en que se presenta la emergencia, de modo que, cuando te veas envuelta en un fuego graneado tipo "¿Puedo comer?" (caramelos, helados, patatas fritas, nunca *bieta ripassata*,[g] por supuesto) y "¿Puedo hacer?" (jugar a la Play, tirarse de lo alto de la mesa, nunca los deberes, está claro),

[f] Las expresiones en cursiva (de la autora) están en español en el texto original. De hecho, parece claro que el texto alude a la novela *Los novios*, de Alessandro Manzoni (1785-1873), que transcurre en la Lombardía del siglo XVII, todavía perteneciente a la corona española. Uno de los episodios más famosos de dicha novela se titula "Adelante, Pedro, con juicio", palabras que así, en español, pronuncia Antonio Ferrer, uno de los personajes principales de la obra. Puede que sean las primeras palabras que leen y aprenden en español la mayoría de los italianos.

[g] La *bieta ripassata* es una especialidad italiana. Son acelgas troceadas que se han sofrito con aceite de oliva, ajo, guindilla y tomate y que después de cuecen algunos minutos a fuego fuerte antes de servir.

sepas bien qué contestar. Hay que transmitir seguridad — sí, hay que bañarse, porque sí —, mejor que explicar (la descripción de las maravillas de una higiene perfecta impresiona poquísimo a los menores).

Exactamente por la misma razón que no se puede hacer la lista de la compra cuando ya estás en la tienda, y mucho menos aún en el execrable centro comercial. Hay que ser resistentes, firmes aunque flexibles, ser dueños de sí mismos, como bien saben mis hijos, que siempre me plantean sus preguntas cuando empuño el teléfono y, por tanto, tengo la guardia baja.

Algunos pulsos los hemos quebrado el padre y yo desde el primer momento, estableciendo días fijos para jugar a la Playstation. Se puede jugar dos veces a la semana, los demás días es inútil pedirlo, inútil intentar aprovecharse de niveles de consciencia bajos.

Pero la toma de decisiones se agazapa detrás de cualquier esquina, a cualquier edad. Se comienza inmediatamente: cómo dormir, cuánto tiempo en brazos, cuándo consentir qu el bebé se meta en la cama de matrimonio, cómo quitarle el pañal, el chupe, el biberón...

Encontrar el punto de equilibrio entre firmeza y dulzura, entre reglas generales y situaciones particulares a veces parece una hazaña.

Los deberes, por ejemplo, nuestra cruz cotidiana: eres peor que la maestra, me dicen mis hijos, que constantemente buscan el mínimo resultado con el mínimo esfuerzo, no sé si inspirándose en el ascético *Ne quid nimis* adoptado por San Benito para su Regla o, más probablemente, en el himno del oso Baloo en *El libro de la selva:* lo estrictamente indispensable.[h] Y entonces, con todo mi respeto por el monaquismo occidental, todo el mundo a sacar los folios y a repetir hasta el infinito guerras y tablas de multiplicar.

[h] *Ne quid nimis:* en latín, “nada con exceso” o bien “todo con moderación”.

Si la educación es un viaje hacia la autonomía, ¿es mejor dejar hacer o atarlos a la silla? Sé que con Alfieri funcionó porque él era voluntarioso, pero algo habrá que hacer con estos muchachos tan despiertos, pero poco acostumbrados a hincar los codos, bombardeados por imágenes y ciertamente no ayudados por una escuela que piensa que enseñar a leer, a escribir y a hacer cuentas es demasiado poco.[i] Y que, en vez de sumergir a unos alumnos superestimulados e incapaces de concentrarse, durante horas y horas en el análisis gramatical, lógico y sintáctico, se siente en la obligación, a pesar de algunas maestras valerosas y con ganas de trabajar, de proponer cursos de baile, cricket y "sabores" (*sic*).

Y también, en el país de la ausencia de reglas, en este clima de últimos días en los que cada uno arrambla con lo que puede, de la comodidad y la corrupción como estilo de vida, de la defensa endémica del propio *particulare*, ¿no te asalta nunca la tentación de contarles un poco a los hijos como están las cosas?[j]

Sólo para que aprendan, sí, a respetar inmaculadamente las reglas, pero también para que aprendan un poco a defenderse. Nosotras sabemos ante Quien responderemos, y no debemos tener miedo de nada, me digo a mí misma. No obstante, aquí vale lo de sencillos como palomas y prudentes como serpientes. ¿Cómo se pasa de la

---

[i] Vittorio Amadeo, conde Alfieri (1749-1803), fue el mayor poeta trágico italiano del siglo XVIII. Su padre murió cuando él contaba un año de edad y hasta los nueve años vivió en el palacio familiar, en Asti, sin más compañía que su preceptor, el sacerdote don Ivoldi. Desde los nueve años hasta los dieciséis estudió gramática, retórica, filosofía y derecho en la Real Academia de Turín, enrolándose después en el ejército hasta los veinticinco años, realizando viajes por toda Europa y acabando definitivamente en Italia, donde escribió sus veintidós tragedias.

[j] La referencia al "propio interés", principio rector del liberalismo, con el término latino *particulare* parece aludir al teórico político italiano Francesco Guicciardini (1483-1540), llamado a veces el anti-Maquiavelo, por oponer esa defensa del *proprio particulare* a la razón de estado. En realidad, la defensa a ultranza del individuo aislado y de la razón de estado que ignora a la persona están mucho más vinculadas que opuestas entre sí.

lectura de *Milo va all'asilo* a la de los periódicos?[k] Además, vivimos en Roma, en el súmmum del espíritu nacional, en la capital del desorden y de la belleza, donde en el espacio de unos pocos metros se tocan, ignorándose aparentemente, lo sublime y lo sórdido, donde conviven codo con codo hombres generosos e inenarrables maleducados, los señores del bar que saltan la verja para recuperar el amado balón de cuero y el primate que aparca sobre la rampa del paso de cebra y te impide salir de la acera con el carrito del niño.

¿Tú qué haces? ¿Enseñas a tus hijos a ser obstinadamente obedientes, a dar seis veces la vuelta a la manzana para buscar aparcamiento o a dejar el coche con desenvoltura en doble fila, dando la explicación de la romana media, "He ido a recoger al bebé"? También yo tengo familia, pero no lo hago, ni siquiera cuando llevo a los cuatro niños, ni siquiera cuando llueve.

Y además, entre las muchas con las que te aburriré en las llamadas de teléfono de los próximos, a ojo de buen cubero, quince años, está la duda de las dudas.

¿Qué se hace para educar en la fe? ¿Cómo se da testimonio de la que nosotras sabemos que es la única verdad, en el respeto a la libertad que los hijos, al crecer, reclaman con justicia? He escuchado, de amigas y conocidas, una amplia gama de experiencias que cubren todo el espectro, desde la que obliga al rosario cotidiano a la que deja completamente libres a los hijos en el tema de la fe: "Hará la comunión cuando quiera...".

Creo que me he equivocado en algo, te dije una vez hace muchos años, cuando el primer niño era pequeño y la rutina de los errores

[k] *Milo va all'asilo* ("Milo va a la guardería") es un cuento para niños menores de tres años escrito por la escritora e ilustradora milanesa Gabriella Giandelli. El tal Milo es un conejo que vive con sus padres en el campo y cuenta las aventuras que le sobrevienen en su primera visita a la ciudad.

todavía tenía que crecer de modo exponencial con el transcurso de los años y el número de niños. Menos mal, me respondiste, imagina qué desastre una madre perfecta. Muy bien, mis hijos no corren ese riesgo. Y a esa respuesta tuya me he aferrado muchas veces, cuando por cansancio, distracción o incapacidad para valorar una situación le he echado una reprimenda al hijo que no era, me he enfurecido demasiado — en lo que se refiere a la caligrafía quizás debería de ceder de vez en cuando, dado que, por ejemplo, el más genial de mis amigos escribe en cuneiforme — o demasiado poco —, ya que conmigo basta simular un dolor de cabeza y me hundo como un suflé: "Tengo que ser paciente, quizás sea la última vez que lo abrazo", me digo sentimentalmente mientras el enfermo imaginario languidece con *Asterix* sobre el sofá, dejados a un lado los deberes.

Pero los hijos son mucho más resistentes a los errores de lo que nosotras creemos. Cuando están seguros de ser amados, y cuando los padres saben quiénes son y lo que hacen, los errores siempre se pueden remediar.

De hecho, la Buena Noticia no habla ciertamente de nuestra perfección, sino de la omnipotencia de Otro, del Todopoderoso, como te gustaba llamarlo cuando volviste entusiasmada del Camino de Santiago. Quizás sea mejor que hable más de todo esto con Él, y que te llame un poco menos a ti, ¿qué opinas?

Un abrazo, con gratitud.

C.

El hombre es una criatura prodigiosa. Traer a este mundo — o adoptarlos — nuevos ejemplares y criarlos es una obra clamorosa, que siempre gozará del apoyo del Jefe. Esto proporciona la audacia necesaria para intentar la empresa, el valor para continuar y la certeza de llevarla a cabo.

El hombre sólo puede ser una criatura excepcional. La voz de Dave Matthews es una de las pruebas de la existencia de Dios, como asimismo la escritura de Philip Roth, ¿qué otro podría haberlas inventado?[l]

Pero incluso las personas que conozco, *incredibile dictu*, me hacen — está bien, en ciertos momentos, no siempre — el mismo efecto. Y si bien estoy de acuerdo con Franco Basaglia en que, visto por el vecino, nadie es normal, pienso también que, visto por el vecino, todo el mundo tiene algo de precioso.[m] El ser humano es algo bueno. Me gustan incluso los transeúntes, así que cualquiera puede imaginar qué guapos y buenos, y toda otra clase de adjetivos positivos puestos en fila, encuentro a mis hijos.

Quien trabaja a favor de la vida, por lo tanto los padres ante todo, trabaja para el lado bueno. Que la fuerza te acompañe, que dirían Obi-Wan y el maestro Yoda.

Luego está el pecado original. La tendencia al mal que la cultura dominante piensa que es posible embridar a base de buenos principios y buenos sentimientos, pero que, muy al contrario, se manifiesta potentísima y a veces violenta dentro de nosotros. Nosotros creemos que se nos ha dado el poder de vencerla, pero toda la vida es una lucha.

Las cosas no son muy complicadas. La verdad es tan simple como la estructura del ADN, una hélice que construye la realidad en todas sus formas; como la fotosíntesis clorofílica, un mecanismo tan simple que hasta un niño de primaria lo comprende, pero que hace que el mundo viva.

---

[l] Dave J. Matthews (1967) es un cantante y compositor estadounidense de origen sudafricano.

[m] Franco Basaglia (1924-1980) fue un conocido psiquiatra y ensayista italiano y uno de los padres de la llamada "antipsiquiatría".

Es suficiente que quien educa, además de amar — amar con todas las fuerzas, pero eso lo damos por supuesto —, tenga en mente unas pocas de cosas. Y que se pregunte, que recuerde, a qué sitio se dirige el pequeño que ha contribuido a traer al mundo.

Ésta es la pregunta que precede a todas las demás. A partir de la primera respuesta, van surgiendo ordenadamente todas las demás.

Por ejemplo, resulta claro que, si la educación es el camino hacia la madurez, se hace fundamental enseñar a diferir la gratificación, y a hacerlo solos, y a posponer el principio del placer por un bien mayor. Para mí, con esto, se podría cerrar el capítulo. Hay en ello materia para reflexionar una semana.

Yo, personalmente, lo llevo razonando más de una docena de años, y creo que la empresa es dificultosa. Dificultoso hacerlo, en primer lugar, cuando lo que uno querría es sumergirse bajo un edredón con un libro; dificultoso enseñarlo; dificultoso motivar a ello a los niños que, como es evidente, están totalmente dominados por la ley del placer, del todo y ahora mismo. Dificultoso comunicar el amor retuercetripas y encogecorazones que experimentamos por los pequeños, sin privarles de ese retazo de guía que se esperan de nosotros.

Después, al crecer (pero ¿cuándo van a crecer todos los cincuentones en los que estoy pensando?), se aprende a renunciar a algunos de los deseos propios, saltándoselos con inteligencia, con sentido de la realidad. O, al menos, se debería aprender. El condicional viene obligado, desde el momento en que el psicoanálisis ha hecho pasar la aduana al inconsciente, confiriéndole el derecho a ser secundado.

Un discurso extraño, éste, e inaccesible para mí, que no tengo ninguna competencia específica, a menos que exista un diploma de especialista en observación empírica de los propios semejantes.

Pero, en cuanto a los niños, no tengo ninguna duda. De pequeños son egoístas; adorables, pero egoístas; irresistibles, pero tiranos; y nuestro deber es amarlos hasta el extremo hasta que en ellos despierte el amor.

"La madre es un árbol grande, que todos sus frutos da, todo aquel que se lo pide alguno encontrará", rezaba el audaz poema pegado a la estantería decorada que recibí el último día de la madre. ¿Quién de nosotros, padres, no ha recibido nunca algún prestigioso trabajo hecho en la guardería — corbatas de papel o portabolígrafos, horrorosa artesanía que ha de conservarse rigurosamente y, lo que es peor, exponerse — cantando las alabanzas de nuestra heroica abnegación paterna?

Mirémonos francamente a los ojos y admitámoslo: toda esa harina la han molido las maestras.

Los hijos, en realidad, ni siquiera se dan cuenta, como tiene que ser en justicia, de lo que hacemos. Como, por ejemplo, cuando estamos enfrascados en alguna tarea, a ellos ni siquiera se les pasa por la cabeza preguntarse si nos pueden o no interrumpir, porque, para ellos, nosotros existimos en función suya. Basta saberlo. Así no hay que preguntarse dónde se ha equivocado una para haber producido semejante monstruo, cuando tiene treinta y nueve y medio de fiebre y prepara la cena intentando no desmayarse encima del pescado enharinado, y llega el mocoso a pedirle que se ponga el disfraz de Darth Vader porque hay que montar el drama final con Skywalker y no encuentra a nadie que haga de malo. Los hijos prefieren no pensar que la madre pueda tener la necesidad de telefonear, de ir al baño o, no hablemos, de comer; una madre es una protuberancia de sus cuerpos para la cual no están previstas exigencias autónomas.

No obstante, aunque parezca una empresa desesperada, hay que tener el valor de esperar de los hijos. Las raíces de la educación son amargas, pero su fruto es dulce (esto es de Aristóteles, ese tono sentencioso no es mío). El valor de esperar se ha convertido, al parecer, en algo inconcebible. No sé qué entramado de motivos culturales ha hecho que el descontento de los niños se haya convertido en algo intolerable, y eliminarlo del horizonte de todos ellos parece ser una prioridad. Sea cual sea el tipo de "sufrimiento", incluso el sano, incluso la frustración de recibir un no.

A veces, los noes, cuando obedecen a cierto proyecto, a cierta lógica (sí, lo sé, querido marido, sé que cuando estoy cansada reparto al azar los síes y los noes, tienes razón), contribuyen a tranquilizar a los hijos. Les hacen estar bien. Tras el capricho, si no han obtenido lo que pretendían irrazonablemente, en realidad se sienten protegidos. Mis padres saben lo que hacen —piensan —, saben lo que dicen. Este mundo, desconocido y nuevo, tiene una lógica, tiene un sentido, no es un caos.

Los niños, al comienzo de su existencia, buscan límites y referencias certeras, lo mismo que un ciego busca una pared: al vivir en la oscuridad total — explicaba la psiquiatra Giuliana Ukmar —, para ellos, es mucho más aterrador encontrar la nada que encontrar una pared. Lo ignoto da más miedo.

Así pues, aun cuando prefiramos un millón de veces antes ser nosotros los que paguemos el precio, hemos de aprender a aceptar dolorosamente el sufrimiento de nuestros hijos. No se puede eliminar el sufrimiento del horizonte de su infancia, ésa es la realidad. No les buscamos nosotros el sufrimiento, eso es obvio, pero ni siquiera se lo podemos ocultar. Y aquí puede comenzar a pasar el rótulo de los subtítulos: la autora de estas afirmaciones está muy preparada teóricamente, pero tiene algunas dificultades con el aspecto práctico de la cosa.

Tengo que nombrar a mi amiga Marta ministra para la Ejecución del Programa.

Ciertamente, incluso yo sé que los niños no pueden vivir en un mundo Disney, en un mundo parque de atracciones, porque ésa no es la realidad. El sufrimiento llegará en algún momento y tú debes estar ahí, hijo mío, sabiendo que las cosas no acaban ahí.

Ahora, en cambio, hasta los cuentos son depurados, edulcorados. Incluidos los clásicos. Para no perturbar la serenidad de los niños, al final, el lobo y el cazador hacen las paces. De verdad, lo prometo, ha caído en mis manos un libro de cuentos que presenta versiones animalistas y buenistas: en el fondo, el lobo también es bueno. También asistí a una conversación entre abuelas en el parque, horrorizadas porque en todas las historias destinadas a las nietecitas siempre había un malo, un dragón, un peligro que podía inquietarlas.

Aparte de preguntarme cómo podían haber olvidado todas las brujas y los diablos que pueblan los cuentos tradicionales italianos, que nutrían la fantasía de los niños antes de *Winnie the Pooh*, me parecía claro que el miedo, en las fábulas — el lobo que devora, el dragón que mata — tiene un valor apotropaico: los niños se tranquilizan al oír, traducidos a palabras, sus miedos secretos, el primero de todos la muerte, la enfermedad que contraemos nada más nacer.

Son pequeños, pero no son tontos, saben, intuyen de una forma confusa, que el mundo no es del todo rosa, y el hecho de negarlo, casi esconderlo, los asusta todavía más. Quién sabe lo que esconde lo desconocido. Es mil veces mejor decir: existe el sufrimiento, pero nosotros nos fiamos de la vida.

La emergencia educativa proviene del hecho de que no se sabe la razón por la que se educa. ¿Para qué se educa, si ni siquiera los padres saben por qué viven ni adónde van? Si se elimina el temor de Dios, ¿cómo se hace para educar? Si se elimina la idea del pecado original y la necesidad de la salvación, ¿qué quiere decir educar? Si eliminas el infierno y el paraíso — considerados como rollos ridículos para mujeres ignorantes por todos los intelectuales, salvo Camillo Langone —, ¿para qué conquistar la eternidad?, ¿para seguir siendo una partícula que flota contenta, según las nuevas modas teológicas?[n]

Por eso, se cultiva una idea vaga de bondad, que cada uno debe intentar realizar en libertad; que, por favor, no se quite a los niños la libertad, valor supremo, la capacidad de valorar.

¿Qué opinas, hijito mío?, ¿qué cenamos esta noche? ¿Qué quieres hacer? ¿Adónde quieres ir? ¿Nos vamos a casa, que ya es hora? Y empieza la negociación, el pulso, que, entre otras cosas, hace que los niños sean insoportables, extenuantes. Nos ponen a prueba para ver hasta dónde pueden llegar, cuando, en realidad, nos están pidiendo secretamente que los paremos de alguna forma, que pongamos una pared.

También entablaba yo esas negociaciones, pero cuando Marta me pilló me dijo cuatro palabras (ahora sería el momento de hacer una lista de mis errores, pero ¿para qué exponerse a la irrisión pública?). Quizás todos nosotros, padres novatos e inexpertos, nos equivocamos de maneras parecidas, abatidos por una empresa que nuestra generación, por primera vez, vive

[n] Camillo Langone (1967) es un periodista y escritor italiano residente en Parma, polemista brillante y autor de varios libros. Aparte de haberse ganado las críticas más acerbas por sus críticas al darwinismo, una de las últimas polvaredas levantadas por Langone se ha debido a un artículo suyo escrito en noviembre de 2011 y titulado *Togliete i libri alle donne: torneranno a far figli* ("Quitadle los libros a las mujeres: volverán a tener hijos")

como una opción y no como una etapa natural, casi ineluctable. Y con todo por reinventar, con dificultades y con pocos puntos firmes en la cabeza para apuntar la brújula.

Y, sin embargo, de esa forma, los niños sufren, porque tener que elegir cuando se es pequeño es una responsabilidad demasiado grande, paraliza.

Nos arriesgamos a ser padres que produzcan una generación sin futuro, sin sentido, sin meta alguna. En la escuela, de los poemas que se leen por Navidad y por Pascua se han eliminado todas las referencias a nuestra fe para no ofender la sensibilidad de nadie. Pero entonces, ¿Navidad y Pascua de quiénes?, con perdón. Eliminémoslas, por tanto, festejemos Halloween.

Un almíbar ecológico-biológico dentro del cual tendrías que querer mucho — como si tal cosa fuera un sentimiento natural — a todos, hombres y animales, en un mismo plano, a veces, incluso, a los animales en un plano más elevado.

Para quien no cree en nada, como el sufrimiento no tiene ningún sentido, no está redimido, no da fruto, hay que evitárselo a los niños a toda costa. Ninguna frustración, ningún disgusto.

La salud física, buscada hasta el extremo, se convierte asimismo en un tótem, en una ansia por controlarlo todo. Por todo lo cual, escuela steineriana, homeopatía, alimentos biológicos, miradas de desprecio a las madres convencionales que usan antibióticos, y además algodón orgánico, medicinas sanas y naturales y tardes enteras en el coche para ir a buscar acelgas no contaminadas.[ñ]

[ñ] La autora se refiere a la "escuela steineriana". Se trata del método pedagógico ideado por el pensador austriaco Rudolf Steiner (1861-1925), cuyas escuelas, más de tres mil repartidas en

Rompamos, finalmente, una lanza por estos pobres chicos a los que no siempre es fácil comprender hasta el fondo. No están en condiciones de hacerlo las maestras, no lo estamos nosotros. Una generación sometida a una infinidad de estímulos — demasiados estímulos, por mucho que se intente filtrarlos — que no está en condiciones de manejarlo todo, que ni siquiera dispone de tiempo para ello. Demasiadas las tareas, los objetivos. Demasiado poco tiempo para construir con solidez. Seamos misericordiosos con ellos, por lo tanto, y también con nosotros, padres pioneros.

---

cerca de noventa países, son también conocidas como Escuelas Libres Waldorf, pues su primer mecenas fue la marca alemana de cigarrillos Waldorf. La singular pedagogía steineriana, promovida intensamente por la UNESCO, se basa en una concepción triádica del hombre como compuesto de cuerpo, alma y espíritu, cuyas capacidades se desarrollan sucesivamente en tres etapas: desde el nacimiento a los siete años, de los siete a los catorce y de los catorce a los veintiuno.

Agradecimientos

Puesto que probablemente no escribiré nunca nada más que sea digno de ser publicado, a menos que haya un mercado para las pegatinas amarillas para las necesidades domésticas, notas para las maestras nuevas (porque hace falta cierto estilo para escribir una nota dirigida a alguien cuyo nombre no recuerdas) y listas de la compra para maridos (también esto es, en cualquier caso, un arte: hay que colocar el ingrediente fundamental en una posición estratégica para que escape a salvo de las tachaduras), he pensado recoger aquí algunos agradecimientos. También para evitarme hacer un montón de llamadas de teléfono, algunas, como la que le debo a Santa Teresita, diríamos que un poco laboriosas.

Gracias a Dios, por todo aquello que sé que debo darle gracias, y también por aquello que ni siquiera comprendo. Dado que al paraíso sólo se entra por recomendación, y seguro que no por méritos, María, di tú alguna buena palabra en mi favor.

Gracias a los dos Papas de mi vida, por asegurarnos que aquello en lo que creemos no es un parto de nuestra fantasía. A Juan Pablo II, que ha escrito sobre la mujer y sobre la vida palabras definitivas. Al gran Benedicto XVI, que soporta por nosotros un martirio mediático sin precedentes.[a]

[a] Nótese que este libro fue publicado en su versión italiana original en 2011.

Gracias a la Iglesia, de la que formo parte con orgullo, que a lo largo de los siglos ha acogido a los mejores cerebros en circulación, Tomás, Agustín, Bernardo, Teresa, Catalina, Teresita y otros miles conocidos y desconocidos.

Volviendo a la tierra, gracias en primer lugar a mi marido Guido, por su amor, su apoyo siempre y a pesar de todo, su dedicación, su generosidad, su paciencia, su arte para resolver los problemas, su sentido del humor.

Gracias a nuestros cuatro hijos, Tommaso, Bernardo, Livia y Lavinia, por existir, por ser como son, por haberme soportado un poco más cansada y distraída de lo habitual durante unos meses, y por no haberse roto ni siquiera un brazo a pesar de la reducción de mi vigilancia.

Gracias a mis padres, Nicola y Rosella, por haber dicho sí a la vida para mí, y por haberme criado como una persona de bien, después de todo, y también por todos los collares (y lo demás) que me regalan. Y gracias a mis hermanos Giovanni y Chiara que siempre me responden al teléfono, y no lo desconectan nunca.

Gracias a mis padres espirituales: al padre Emidio, cuya sabiduría he saqueado sin reserva alguna, al padre Bernardo, a la hermana Chiara Serena, a la madre Elvira, a Antonella T. y a don Ignazio, que me han engendrado en la fe.

Gracias a los padres de mi marido, Livio y Marisa, que dijeron sí a la vida para él, y que lo mantuvieron hasta que conseguí apropiármelo. Gracias también por todas las canciones de cuna y por las lasañas (a Raffaella por el departamento de dulces).

Gracias a todas mis amigas, fuente inagotable de consuelo y comparaciones. A Marina, que ha colaborado conmigo activamente poniendo a mi disposición su inteligencia, su sensibilidad y sus apuntes. A Daniela, que es mi teóloga moral personal, consultable vía telefónica veinticuatro horas al día. A Alessandra, Angela, Antonella, Carmen, Chiara B. y M., Claudia, Costanza, Cristiana, Elisabetta, Emanuela, Francesca F. y M., Giorgia, Isa, Lucia, Maria Cristina, Maria Grazia, Maura, Morena, Noemi, Paola, Patrizia, Rita, Roberta, Silvia, Silvana y Stefania: amigas fundamentales, fuente de continua inspiración. En este libro hay un pedazo de cada una de ellas (también están Ilda y Paola que ya no están).

Gracias a Paolo, mi queridísimo amigo indispensable y maestro de humor; a Giancarlo, que fingía no darse cuenta de los ojos vidriosos con los que miraba la pantalla en la redacción después de las noches pasadas escribiendo; a Gabriele, siempre precioso en los momentos cruciales de mi vida.

Gracias a aquellos que están de parte de la vida, sea cual sea la forma, a Carlo Casini y a todos los demás. Gracias a Giuliano Ferrara, que ha convertido en glamour la causa de la vida.

Gracias a Jean Kerr y a Edma Bombeck, cuyos libros me han hecho reír hasta las lágrimas durante las tomas nocturnas (de día, para hacerse notar en público, mejor cualquier elegante cubierta de Adelphi o de Fondazione Lorenzo Valla). Gracias a Jo Croissant, que con *El misterio de la mujer,* del que he bebido a manos llenas, me ha ayudado a mí y a muchas de mis amigas a comprender el sentido misterioso y maravilloso de nuestra misión.[b]

[b] Sobre Jean Kerr, véase la nota "b" en la página 164. Edma Bombeck (1927-1996) fue una prolífica escritora costumbrista norteamericana. Además de los quince libros que publicó a lo largo de su vida, fue conocida sobre todo por sus columnas diarias en distintos periódicos relatando las aventuras de la vida cotidiana de las amas de casa en el medio oeste. Adelphi Edizioni y Fondazione Lorenzo Valla son prestigiosas editoriales, milanesa y romana, respectivamente.

Un agradecimiento especial va dirigido aparte a Camillo Langone, que me ha inspirado, y acompañado: sin él no existiría ni una sola línea de este libro. Quizás no sería una gran pérdida para la humanidad, pero gracias de todas formas.

La primera está especializada en la edición de versiones italianas de literatura centroeuropea moderna y contemporánea y la segunda a la edición de los clásicos antiguos. Jo Croissant, autora francesa, es la esposa del antiguo pastor protestante Ephraïn Croissant, convertido al catolicismo cuatro años después de su matrimonio, fundador de la llamada Comunidad de las Bienaventuranzas. El libro referido por la autora se ha editado en español con el título *La mujer sacerdotal: el sacerdocio del corazón* (Lumen, Buenos Aires, 2004). En cuanto a Camillo Langone, véase la nota "n" de la página 208.

Esta iniciativa editorial se sostiene
principalmente gracias al trabajo, la
confianza y la buena voluntad de las
personas que creen en ella.
Si usted desea colaborar en este
proyecto puede enviar su donativo a:

Arzobispado de Granada
Fundación Nuevo Inicio
Plaza Alonso Cano s/n
18001 Granada, España

Banco Santander Central Hispano
CC: 0049 0004 95 2814422084